MEDIAÇÃO GRUPAL

Dados Internacionais de Catalogação na Publicação (CIP)
(Câmara Brasileira do Livro, SP, Brasil)

Andaló, Carmen
   Mediação grupal : uma leitura histótico-cultural / Carmem Andaló.
- São Paulo : Ágora, 2006.

   Bibliografia.
   ISBN 85-7183-016-9

   1. Mediação - Uso terapêutico 2. Psicodrama 3. Psicologia social
4. Trabalho em grupo I. Título.

06-2730   CDD-302.3

Índices para catálogo sistemático:

1. Mediação grupal e psicodrama : Psicologia social   302.3
1. Psicodrama e mediação grupal : Psicologia social   302.3

Compre em lugar de fotocopiar.
Cada real que você dá por um livro recompensa seus autores
e os convida a produzir mais sobre o tema;
incentiva seus editores a encomendar, traduzir e publicar
outras obras sobre o assunto;
e paga aos livreiros por estocar e levar até você livros
para a sua informação e o seu entretenimento.
Cada real que você dá pela fotocópia não autorizada de um livro
financia o crime
e ajuda a matar a produção intelectual de seu país.

CARMEN ANDALÓ

MEDIAÇÃO GRUPAL

∎

Uma leitura histórico-cultural

MEDIAÇÃO GRUPAL
Uma leitura histórico-cultural
Copyright © 2006 by Carmen Andaló
Direitos desta edição reservados por Summus Editorial

Editora executiva: **Soraia Bini Cury**
Assistente de produção: **Claudia Agnelli**
Tradução da apresentação: **Ruth Rejtman**
Capa: **BVDA - Brasil Verde**
Coordenação editorial: **Miró Editorial**
Preparação: **Márcia Choueri**
Revisão: **Maria Aiko Nishijima, Aracelli de Lima, Renata Del Nero**
Projeto gráfico e diagramação: **Crayon Editorial**
Fotolitos: **Casa de Tipos**

Editora Ágora
Departamento editorial:
Rua Itapicuru, 613 – 7º andar
05006-000 – São Paulo – SP
Fone: (11) 3872-3322
Fax: (11) 3872-7476
http://www.editoraagora.com.br
e-mail: agora@editoraagora.com.br

Atendimento ao consumidor:
Summus Editorial
Fone: (11) 3865-9890

Vendas por atacado:
Fone: (11) 3873-8638
Fax: (11) 3873-7085
e-mail: vendas@summus.com.br

Impresso no Brasil

A MOYSÉS AGUIAR, colega de turma e amigo de sempre,
que me ensinou os primeiros passos no psicodrama.

A DALMIRO BUSTOS, que, como terapeuta, me devolveu
o gosto pela vida e pela liberdade e, como professor,
me fez descobrir toda a riqueza existente nos grupos.

A MARIA HELENA SOUZA PATTO, colega de turma,
amiga e interlocutora rigorosa e crítica,
que vem me acompanhando há muito tempo.

AOS ALUNOS e PARTICIPANTES DOS GRUPOS que coordenei,
pelos desafios, trocas de experiências e reflexões,
que me estimularam a ousar escrever este texto.

Não digam nunca:
– Isso é natural.
Sob o familiar,
descubram o insólito.
Sob o cotidiano, desvelem
o inexplicável.
Que tudo que é considerado habitual
provoque inquietação.
Na regra, descubram o abuso.
E nós vos pedimos com insistência:
sempre que o abuso for encontrado,
encontrem o remédio.

BERTOLD BRECHT

SUMÁRIO

∎

APRESENTAÇÃO 11

A HISTÓRIA DESTE LIVRO 13

INTRODUÇÃO 17

1 Afinal, o que é um grupo? 35

2 O papel do coordenador de grupos 71

3 O protagonista como categoria conceitual 91

APÊNDICE 109

REFERÊNCIAS BIBLIOGRÁFICAS. 137

APRESENTAÇÃO

■

É sempre um prazer apresentar uma contribuição à ainda escassa bibliografia existente sobre psicodrama, porque demonstra um aumento dos psicodramatistas que desejam compartilhar suas experiências.

No caso de Carmen Andaló, fazê-lo me reporta aos anos 1970, quando comecei a viajar a São Paulo, munido de minha aprendizagem com Jacob Levy e Zerka Moreno. Suponho que o entusiasmo e paixão despertados em mim pelo psicodrama supriram uma experiência ainda em *status nascendi*. Compartilhava, entusiasmado, com meus alunos, dentre os quais, Carmen Andaló, os encontros com Moreno e Zerka. Abrira-se diante de mim um mundo fascinante, e desejava dividi-lo com eles. A origem de meu entusiasmo estava no desaparecimento da pseudo-objetividade, a que muitos terapeutas estavam condenados. Moreno levou além o que já dizia Jung: só o amor cura. Eu me sentia autorizado a me aproximar de meus pacientes, a acompanhá-los emocionalmente, a fazer de sua dor minha dor, e nem por isso deixar de utilizar os conhecimentos adquiridos. As duas vertentes (terapeuta e cliente) de uma relação terapêutica como vínculo amoroso, que permite a aplicação profunda de uma metodologia, levam a uma prática prenhe de mil caminhos.

Procurei transmitir esses conceitos sem dogmatismos, que encerram o ser humano, tornando a aquisição de conhecimentos semelhante a um ato de fé. Todo conhecimento será transformado por quem o aprende – sabe-se aquilo que se ensina, mas ignora-se o que o aluno recebe, porque este necessariamente integrará os novos ensinamentos a seus conhecimentos e vivências, a seus desejos e temores, já que não existe conhecimento "puro". Moreno predisse que a ciência, um dia, mais precisamente no século XXI, demonstraria o que então eram apenas formulações teóricas. Hoje, a física quântica evidencia o papel transformador do amor, a presença do deus interno, capaz de afetar as estruturas moleculares do ser humano. Isso nos torna responsáveis por tudo que ocorre à nossa volta, coloca-nos em uma posição não passiva, mas ativa e consciente. A confluência de diferentes doutrinas vai validando certas formulações e deixando para trás outras, consideradas certas até então. Esse mundo em permanente transformação coloca constantemente à prova nossos conhecimentos: Isto que afirmo é comprovável? Onde começa a verdade, e onde pode converter-se em delírio?

É assim que Carmen Andaló nos traz suas reflexões a partir de outra ótica, buscando compreender um pouco melhor as relações interpessoais, esse mundo complexo e caleidoscópico, que jamais esgota a possibilidade de diferentes olhares. Compartilhá-las requer ousadia e criatividade, duas condições básicas de que ela dispõe para sobreviver ao caos do universo presente.

■ DALMIRO MANUEL BUSTOS

A HISTÓRIA DESTE LIVRO

■

Antes de expor as reflexões que desenvolvi, ao longo de muitos anos como psicodramatista e coordenadora de grupos, acho interessante relatar esse processo.

Após minha formação em Psicodrama (anos 1970), ao cursar uma pós-graduação no Instituto de Psicologia da Universidade de São Paulo, entrei em contato com o pensamento de autores da perspectiva histórico-cultural – especialmente Agnes Heller e Antonio Gramsci –, que aos poucos introduziram dúvidas na compreensão que eu detinha de psicodrama naquele momento.

A provocação definitiva, entretanto, veio de Maria Helena Souza Patto, minha orientadora. A pesquisa que desenvolvi tinha como pano de fundo a questão do fracasso escolar no sistema público de ensino brasileiro e dizia respeito, mais especificamente, a cursos de aperfeiçoamento docente oferecidos pela rede estadual de educação do município de Florianópolis (SC).[1]

Sua coleta de dados foi feita basicamente por meio de entrevistas semi-estruturadas, com professoras da 1ª a 4ª

---

1   Esse trabalho se encontra publicado no meu livro, *Fala, professora! – Repensando o aperfeiçoamento docente*.

séries do 1º grau, nas próprias escolas onde atuavam. Antes disso, eu havia acompanhado a última etapa de um curso de aperfeiçoamento docente sobre dificuldades de aprendizagem, cuja abordagem teórica se baseava em Jean Piaget e Emília Ferrero.

Nessa fase da pesquisa, tive oportunidade de observar dois grupos de docentes e especialistas que apresentavam comportamentos bastante distintos: um era *colaborador* e atento, enquanto o outro era *dispersivo*, ruidoso e produzia grande número de conversas paralelas.

Como as ministrantes do curso não tivessem explicações para tal diversidade, passei a analisá-los em função de seus subgrupos. Posteriormente, ao freqüentar as escolas, constatei no grupo *dispersivo* a existência de subgrupos que pertenciam à mesma unidade escolar e se sentavam próximos durante o curso, o que não ocorria com o outro grupo. Embora não tivesse encontrado uma explicação rigorosa para os fenômenos, tinha em mãos alguns dados interessantes.

Na ocasião, minha orientadora recomendou-me que deixasse o psicodrama de lado, na elaboração da dissertação, uma vez que Jacob Levy Moreno era um autor desconhecido nos meios acadêmicos e apresentava uma ótica fenomenológico-existencial, diversa da matriz epistemológica – a abordagem histórico-cultural – que havíamos escolhido. A princípio, acatei sua diretriz.

Durante a escrita da dissertação, no entanto, me dei conta de que a leitura que empreendera dos dois grupos era de caráter sociométrico. Diante disso, me vi compelida a incluir Moreno e a sociometria no texto, à revelia de minha orientadora, que em seu papel me alertava: "Se eu estivesse em sua banca, a primeira questão que levantaria seria: você não está colocando junto coisas diferentes, como se fossem iguais?"

Instalou-se a dúvida, e o desafio então era encontrar as convergências e divergências entre as duas perspectivas. Um autor que me auxiliou muito nessa fase foi Alfredo Naffah Neto, com sua obra *Psicodrama – Descolonizando o imaginário* (1979). Ao final, para minha surpresa, a banca da tese não colocou uma questão sequer a respeito de Moreno e da sociometria, indicando que a academia, de fato, não o inclui entre seus pensadores.

O incômodo da dúvida, porém, permaneceu. Gradativamente, percebi, nos trabalhos que empreendia, uma mudança em termos de compreensão do processo grupal – eu me apropriava do referencial histórico-cultural e fazia espontaneamente uma releitura do psicodrama e da sociometria.

Em meados dos anos 1990, ministrei com duas outras colegas[2] um curso de formação sobre essa abordagem, que denominávamos *sociopsicodramática*, e para isso elaborei uma apostila sobre grupos e sua coordenação. Assim começou este livro, como uma busca viciada pela influência da academia (muita teoria, inúmeras citações e referências bibliográficas) e pelo formato de apostila. Foi uma longa caminhada, em que autores de outras perspectivas, como Enrique Pichon-Rivière e Jean-Paul Sartre, me ofereceram caminhos e instrumentos, mas muitas vezes me confundiram. Só consegui concluí-lo quando deixei de buscar apenas convergências e divergências entre as duas abordagens e tentei uma releitura na perspectiva histórico-cultural, utilizando basicamente o conceito de *mediação* – categoria central dessa matriz epistemológica.

Longe de estar concluído, este texto reflete uma etapa de um longo processo de inquietação e busca, sempre transitório e inacabado, e evidencia meu desejo de compartilhar e dialogar com outros pensadores preocupados com o mesmo tema.

---

2   Maria Juracy Filgueiras Toneli e Maria Celina Ribeiro Lenzi.

INTRODUÇÃO

∎

Apesar de os grupos sempre terem existido nas sociedades humanas, estudos sobre eles são relativamente recentes. Como prática profissional, os trabalhos com grupos são um fenômeno da sociedade capitalista, e tanto seus coordenadores como seus participantes são pessoas geralmente provenientes das camadas médias e altas da sociedade.

Na atualidade, vem-se atribuindo cada vez mais ênfase aos processos grupais, o que torna o conhecimento sobre eles um instrumento valioso e mesmo imprescindível, seja em termos de eficácia, para atingir objetivos ou realizar tarefas (rendimento), seja para detectar lideranças, obter coesão, resolver conflitos, tensões etc. Quer se trate de grupos de trabalho, pedagógicos, institucionais, comunitários, de lazer, psicoterapêuticos ou de outra natureza, impõe-se a necessidade de ampliar o saber sobre essa área, considerada privilegiada no campo da psicologia social.

O interesse pelos processos grupais pode ser facilmente constatado na proliferação de publicações sobre "jogos" e as famosas "dinâmicas de grupo"[3], bem como na demanda de

---

[3] S. J. Fritzen, oito publicações, de 1980 a 1992; A. Minicucci, 1980; R. Monteiro, 1979 e 1993 como organizadora; F. Moscovici, 1980; R. Y. K. Yoso, 1996 e outros.

trabalhos com grupos, nos mais variados contextos. Observa-se, porém, um preocupante processo de banalização, numa perspectiva claramente *tecnicista*, dando a falsa impressão de que coordenar grupos *é* uma atividade simples e que não requer maiores conhecimentos teóricos, além do domínio de alguns "jogos", "técnicas" e "dinâmicas" superficiais, geralmente aplicadas à revelia do movimento grupal. É comum pessoas solicitarem sugestões de alguma "tecnicazinha" para aplicar a um grupo cujas características seu próprio coordenador ignora por completo.

Historicamente, com o movimento chamado de "Relações Humanas", desenvolvido no meio empresarial a partir do início do século XX, o trabalho com grupos ganhou importância, e constatou-se recentemente uma tendência a supervalorizá-los, com o risco, inclusive, de se tornarem mais um *modismo* contemporâneo. Assim é que instituições e organizações sociais passam a desejá-los ou incluí-los, algumas vezes como se fossem uma panacéia para muitas de suas dificuldades e problemas.

Meu primeiro contato com esse tipo de atividade ocorreu na clínica, durante a primeira metade dos anos 1970, numa perspectiva que reduzia o grupo às individualidades que o constituíam. Fazer psicoterapia de grupo significava, então, tratar os problemas do indivíduo num contexto coletivo. Isso, além de representar um barateamento no custo do tratamento, trazia subjacente a idéia de que esse era um processo mais superficial, que não permitia o aprofundamento possibilitado pela psicoterapia individual. Assim, exigia-se menos preparação e experiência do profissional que dele se encarregava.

Minhas primeiras incursões na teoria psicodramática se fizeram nesse contexto, dominado por uma psicologia que tinha o indivíduo como foco principal. Na segunda metade da mesma década, entretanto, graças à oportunidade de me submeter à psicoterapia de grupo com Dalmiro M. Bustos, entrei em contato com a dimensão grupal propriamente dita, principalmente por meio do conceito de *protagonista* e daqueles ligados à *sociometria*.

Nos anos 1980, dediquei-me à carreira acadêmica no Departamento de Psicologia da Universidade Federal de Santa Catarina. Ali, ministrando cursos de graduação em psicologia, formação em psicodrama e atividades de extensão e pesquisa em instituições públicas de educação e saúde, vivi um sério impasse: não conseguia utilizar o conhecimento adquirido anteriormente sobre grupos, por não perceber com clareza a diferença entre os grupos psicoterapêuticos e os grupos temáticos dos espaços onde trabalhava. Além disso, as instituições públicas me ofereceram a oportunidade de um convívio mais próximo com camadas populares, que se mostrou fecundo, por me impor a tarefa de repensar alguns conceitos básicos da psicologia em geral e da proposta moreniana em particular.

O curso de pós-graduação que realizei propiciou-me contato com subsídios de outras áreas das ciências humanas (sociologia, antropologia e filosofia). Experimentei então uma série de dúvidas e questionamentos quanto ao predomínio de uma *perspectiva a-histórica e descontextualizada*, que leva a uma visão do psiquismo como *intra-subjetividade*. As abordagens hegemônicas em psicologia consideravam o social e o cultural aspectos *a mais*, a serem incluídos na compreensão da individualidade humana.

Foi o *referencial histórico-cultural* que me fez perceber que tais aspectos são constitutivos da própria subjetividade, ou seja, a psicologia é sempre psicologia social, pois nada do que é humano é "natural", no sentido de fazer parte da natureza, sendo sempre e inevitavelmente engendrado na/pela cultura.

Dessa forma, para mim foi superada a dicotomia entre indivíduo e sociedade, e o papel dos grupos como mediadores e potencialmente transformadores das normas sociais assumiu um novo significado.

Este trabalho não propõe supervalorizar o poder dos grupos, mas recolocar sua importância, bem como estabelecer seus limites, na construção de uma sociedade em que os homens se tornem "sujeitos ativos" e não apenas "sujeitos sujeitados" de sua própria história individual e coletiva.

A abordagem histórico-cultural, que permeia a reflexão feita neste trabalho, aponta a necessidade de coordenadores de grupo com formação e experiência muito mais profundas do que se pensava anteriormente, que não se reduz à aplicação mecânica de algumas "técnicas de dinâmica de grupo", como freqüentemente se faz. Pelo contrário, um trabalho dessa natureza requer uma visão de homem e de mundo muito mais complexa. Em suma, não se trata de inventar um "novo tecnicismo", em que qualquer profissional, a qualquer momento e em qualquer lugar, possa trabalhar com qualquer grupo.

Essa perspectiva, entretanto, devido à maior ênfase que atribui aos aspectos macroestruturais (classes sociais, ideologia etc.), oferece poucos recursos para compreender as relações cotidianas e promover transformações efetivas num nível microssociológico. Assim, passei a utilizar, durante algum tempo, a abordagem psicodramática como *instrumento* para compreender o movimento dos grupos.

Uma das sérias dificuldades enfrentadas dizia respeito aos contextos não psicoterapêuticos, em que predominava o *caráter público* das atividades. Estas eram desenvolvidas em instituições, sob a forma de *grupos temáticos* com uma das seguintes formações:

- ABERTOS DE CONFIGURAÇÃO INSTÁVEL, como é o caso dos grupos de gestantes, de preparação para o parto, em centros de saúde;
- FECHADOS DE DURAÇÃO LIMITADA, como nos cursos de formação em psicodrama, de graduação em psicologia ou em escolas públicas, onde realizei trabalhos com grupos de professores (aperfeiçoamento docente) e de alunos (educação sexual continuada), nas próprias salas de aula.

Em qualquer um dos casos, tratam-se de grupos que ocorrem no interior de instituições e que têm como principal característica o fato de as relações estabelecidas estarem constantemente permeadas pela dinâmica institucional, o que torna inviável a existência de sigilo em relação ao que ocorre.

Buscando novas formas de intervenção, empreendi um levantamento bibliográfico sobre o tema e constatei que a maior parte das reflexões sobre grupos refere-se ao contexto clínico, cujo objetivo é o tratamento, tanto do grupo, como dos indivíduos que o compõem. O que escapava a essa perspectiva eram atividades freqüentemente realizadas no âmbito empresarial, cuja preocupação central era o treinamento de lideranças ou a superação de problemas de relações interpessoais nas equipes de trabalho.

Em minha caminhada, entrei em contato com aspectos problemáticos da teoria de Moreno, que o levaram a uma visão a-histórica e funcionalista de sociedade. Assim, no esforço para compreender e trabalhar em contextos institucionais e com grupos cuja tarefa não era a psicoterapia, fui instigada a ousar uma releitura de algumas teorizações morenianas, à luz da perspectiva histórico-cultural.

Nessa empreitada, deparei com as reflexões desenvolvidas por Alfredo Naffah Neto. Esse autor evidencia que, ao conceber o homem como "[...] um sujeito situado no mundo ordenado da cultura e engendrado por formas de relação [...]"[4], Moreno foi levado à elaboração de uma sociologia, denominada socionomia, que pesquisa "as leis do desenvolvimento social e das relações sociais".

A socionomia se divide em três ramificações metodológicas: a sociometria, a sociodinâmica e a sociatria, consideradas interdependentes e complementares na compreensão do fenômeno social, por dizerem respeito a três dimensões básicas – a estrutura, a dinâmica e as transformações. A sociometria é a medida do relacionamento humano, e seu método principal é o teste sociométrico[5]. A sociodinâmica leva a pesquisa do nível mais estrutural e estático ao nível dinâmico da interação, e a sociatria[6] refere-se ao desenvolvimento e à transformação das relações intersubjetivas.

Em sua obra *Fundamentos de la sociometría*, Moreno critica tanto a sociologia francesa clássica, que tem Émile Durkheim como principal representante, como o socialismo revolucionário de Karl Marx, alegando que ambos se baseiam em especulações e elaborações abstratas. Considera que o laboratório para o estudo da realidade é a própria realidade, o que o remete a uma postura metodológica de pesquisador participante. Sua intenção é apreender as formações e tensões sociais onde elas de fato ocorrem, tais como são vividas pelos seres humanos nelas envolvidos.

Segundo Naffah, muitas das propostas iniciais de Moreno estão próximas do socialismo revolucionário. As preocupa-

---

4 A. Naffah Neto, *Psicodrama – Descolonizando o imaginário*, 1979, p. 119.
5 Esse teste pesquisa as estruturas sociais, medindo as atrações e rejeições existentes entre os membros de um grupo. A sociometria acabou sendo a área mais desenvolvida dessa abordagem.
6 A sociatria é constituída pela psicoterapia de grupo, pelo psicodrama e pelo sociodrama.

ções com a transformação social, por exemplo, vêm ao encontro da 11ª tese de Marx sobre Feuerbach[7]. Sua principal crítica ao marxismo diz respeito ao fato de ele não se preocupar com as relações vivenciais mais imediatas dos sujeitos. Acaba, então, propondo que a sociometria seja a "síntese dialética entre o socialismo revolucionário e a sociologia clássica". Isso fez que ele se distanciasse dos próprios fundamentos de onde partira. Nas palavras de Naffah:

> [...] se sua crítica à sociologia e ao seu objetivismo reificante, bem como sua definição da posição do cientista, carregam uma influência nitidamente marxista, Moreno não soube reconhecer com clareza o alcance teórico-prático da proposta de Marx e seus seguidores.[8]

Assim, Moreno não conseguiu romper seus vínculos com a sociologia clássica e acabou adotando modelos biológicos e físicos (átomo social, estrutura, rede sociométrica etc.) para descrever os dados, numa perspectiva reducionista e associacionista típica do positivismo, como fazia Durkheim.

O átomo social tornou-se um conceito básico da sociometria. Ele constitui a menor unidade social, envolvendo um indivíduo e as pessoas com as quais está emocionalmente relacionado, num dado período de tempo. Se, por um lado, a sociometria trouxe a vantagem de deslocar a unidade de pesquisa do indivíduo para o meio social, por outro, constituiu-se como uma disciplina de caráter atômico.

Moreno acabou permanecendo num plano basicamente microssociológico e, de acordo com Naffah, perdeu-se ao

---

[7] "Os filósofos se limitaram a *interpretar* o mundo de diferentes maneiras, o que importa é *transformá-lo*." K. Marx; F. Engels, *A ideologia alemã*, p. 14.
[8] A. Naffah Neto, *Psicodrama – Descolonizando o imaginário*, op. cit., p. 123.

fazer generalizações para um nível macrossociológico. A socionomia, porém, ao trabalhar no interior do espaço intersubjetivo, consegue "[...] questionar o próprio sistema social através da forma específica que ele toma nessa configuração microssociológica"[9]. Nesse sentido, o maior equívoco de Moreno ocorreu quando ele desconsiderou os fundamentos econômicos da história, pois foi levado a:

> [...] uma concepção puramente subjetiva dos fenômenos sociais que, em vez de funcionar como contraparte de uma análise objetiva dos mesmos, pretendeu simplesmente substituí-la. Estava convencido de que a história real é aquela que se vive, mas se esqueceu de que os próprios horizontes dessa vivência estão fixados por algo exterior às mesmas, ou seja, por uma estrutura menos visível, mas mais determinante das relações sociais [...] [10]

Para Naffah, "esses descaminhos teóricos" que a sociometria percorreu para se constituir como ciência são conseqüência da pretensão moreniana de que ela deveria ser auto-suficiente na descrição da estrutura social. A sociedade acaba sendo vista então como "exterioridade", apenas uma máscara que encobre e dissimula a rede de relações em que os sujeitos se constituem. Dessa forma, a socionomia ficou presa e circunscrita aos horizontes do grupo, e Moreno não se deu conta de que o grupo é perpassado pelas relações sociais, sendo os sujeitos constituídos nessa trama.

Ao ampliar minhas ações com grupos e à medida que as reflexões se aprofundavam na perspectiva histórico-cultural, fui levada a buscar uma concepção dialética dos grupos.

---

9 A. Naffah Neto, *Descolonizando o imaginário*, op. cit., p. 160.
10 *Ibidem*, p. 124.

Nessa caminhada, foram de fundamental importância as reflexões a respeito da vida cotidiana feitas por Agnes Heller, que voltou sua análise para as relações entre a vida dos homens comuns e a história, não perdendo de vista a especificidade das pessoas envolvidas em suas ações. Para ela, "a vida cotidiana não está 'fora' da história, mas no 'centro' do acontecer histórico"[11].

Segundo Maria Helena Souza Patto, uma das principais contribuições da autora foi abordar a questão da *subjetividade* numa perspectiva sociológica, ou seja, colocar a temática do indivíduo no centro de suas reflexões, e o indivíduo a que ela se refere não é um ser "[...] abstrato ou excepcional, mas sim o indivíduo da vida cotidiana, isto é, voltado para as atividades necessárias à sobrevivência"[12].

Em sua visão, a reprodução da sociedade depende da reprodução do homem singular, e a vida cotidiana é "[...] o conjunto de atividades que caracterizam a reprodução dos homens particulares, os quais, por sua vez, criam a possibilidade da reprodução social"[13].

Assim, a história humana não se constitui como uma "história natural". Afastando-se de qualquer possibilidade teórica de naturalização do homem, entende que mesmo as funções mais simples, voltadas para a sobrevivência, como o alimentar-se, o vestir-se etc., são sempre mediatizadas por relações sociais. A conservação do indivíduo, mesmo a mais elementar, é um fato social, e sua reprodução é sempre a reprodução de um homem histórico, situado em um mundo concreto.

---

11 A. Heller, *O cotidiano e a história*, 1972, p. 20.
12 M. H. S. Patto, *A produção do fracasso escolar: histórias de submissão e rebeldia*, 1990, p. 135.
13 A. Heller, *Sociología de la vida cotidiana*, p. 19.

Segundo Heller, o ser humano, quando nasce, é inserido num meio que já existe independente dele e que se lhe apresenta como concluído, ou seja, o homem nasce em condições sociais concretas, com seus sistemas de expectativas e usos, aos quais deve adaptar-se, dando provas de capacidade vital. Antes de tudo, precisa aprender a usar as coisas, desenvolver habilidades manipulativas e apropriar-se desses sistemas de expectativas e usos. *Apropriar-se* significa literalmente "tornar próprio", ou seja, o sujeito deve tornar suas essas expectativas e usos.

Juzta Ezpeleta e Elsie Rockwell, autoras que desenvolveram trabalhos em escolas mexicanas, com uma perspectiva ligada a Agnes Heller e Antonio Gramsci, mostram que, diferentemente do conceito de *socialização*,

> [...] que geralmente supõe uma ação homogeneizante da sociedade sobre o indivíduo, com sua resultante 'inclusão' na sociedade, a análise da apropriação concentra-se na ação recíproca entre os sujeitos e os diversos âmbitos ou integrações sociais.[14]

É, pois, a apropriação que garante a heterogeneidade, isto é, que faz que cada homem se torne singular e único. Nessa ótica, é possível afirmar que, ao mesmo tempo em que somos únicos e originais, somos também mais parecidos uns com os outros do que imaginamos.

Heller entende que os homens são concomitantemente *seres particulares* e *seres humano-genéricos*. A particularidade ou singularidade está relacionada a tudo que se refere ao *eu* dos indivíduos. Os homens são também seres genéricos

---

14 Integrações são os vários níveis de análise social (família, comunidade, partido, nação etc.). J. Ezpeleta; E. Rockwell, *Pesquisa participante*, p. 28.

porque, como produto e expressão das relações sociais, são herdeiros e preservadores do desenvolvimento humano. A genericidade diz respeito à realização gradual e continuada das possibilidades específicas do gênero humano. Não há, porém, ação humana totalmente presa à particularidade, assim como não é possível manter-se permanentemente no nível da genericidade.[15]

A vida cotidiana presta-se à imersão na particularidade, por seu caráter imediatista e pragmático. Ela é

> [...] a vida de todo homem, pois não há quem esteja fora dela, e do homem todo, na medida em que nela são postos em funcionamento todos os seus sentidos, suas capacidades intelectuais e manipulativas, seus sentimentos e paixões, suas idéias e ideologias.[16]

Em seu dia-a-dia, os homens agem geralmente no nível da particularidade, pois podem não estar conscientes do caráter humano-genérico de suas ações. Por exemplo, trabalhar para o próprio sustento é também produzir riquezas para a comunidade. O contrário também pode ocorrer, ou seja, podem agir no nível da particularidade em uma atividade humano-genérica por excelência. Um exemplo disso ocorre com muita freqüência nas escolas, instituições voltadas basicamente para a formação das futuras gerações (atividade humano-genérica). Entretanto, elas muitas vezes funcionam no nível da particularidade, na medida em que, por exemplo, muitos docentes permanecem imersos em sua particularidade e não se comprometem de modo efetivo

---

15   Heller menciona a ciência, a arte e a política, entre outras, como atividades humano-genéricas.
16   M. H. S. Patto, *A produção do fracasso escolar*, op. cit, p. 135.

com a tarefa de educar, discriminando e estigmatizando alunos, o que contribui para a evasão e o fracasso escolar.[17]

É importante enfatizar que o conceito de particularidade não corresponde especificamente ao de subjetividade humana. Trata-se de um *constructo* teórico, que indica uma perspectiva fragmentada dos sujeitos, ligadas ao próprio eu. A política, por exemplo, é outro setor ligado à genericidade, pois diz respeito ao bem-estar da humanidade como um todo. O que se vê na prática, porém, é uma apropriação do público pelo privado, com os chamados "políticos" agindo no nível da particularidade, utilizando os bens públicos para se beneficiar.

O conceito de mediação

Faz-se necessário, agora, para entender melhor o pensamento de Heller e a proposta de compreensão dos grupos nessa perspectiva, abrir um parêntese para o conceito de mediação, central na abordagem materialista-histórica. Essa é também a principal categoria que passei a utilizar na compreensão dos processos grupais. Nos três primeiros capítulos deste texto, procuro esclarecer como cheguei às idéias de: grupo como mediação entre a particularidade e a totalidade social; coordenador como mediador entre o vivido e sua compreensão racional; e protagonista como categoria conceitual que, por realizar a mediação entre a singularidade dos participantes e o nível macrossocial, se presta à leitura do que ocorre no processo grupal.

Segundo Carlos Jamil Cury, categorias são conceitos básicos que tanto refletem "[...] os aspectos gerais e essenciais do real, suas conexões e relações"[18], como se constituem em instrumentos de compreensão da realidade social.

---

17 Maiores detalhes em A. Heller, *Sociología de la vida cotidiana*, op. cit., p. 27-29.
18 C. R. J. Cury, *Educação e contradição: elementos metodológicos para uma teoria crítica do fenômeno educativo*, p. 21.

Literalmente, mediação significa o estabelecimento de conexões por meio de um intermediário. Existe uma tendência a associar mediação a uma ação realizada entre sujeitos. Por exemplo, é freqüente ouvirem-se comentários do tipo "uma professora mediou um determinado conteúdo a seus alunos". De acordo com Guiomar Namo de Mello, intuitivamente, mediação parece dizer respeito "ao que está ou acontece *no meio* ou *entre* duas ou mais coisas separadas no tempo e/ou no espaço"[19]. Refere-se, entretanto, a "processos de fato existentes na realidade objetiva, que são as ações recíprocas, a trama de relações que ocorrem entre partes, forças, fenômenos de uma totalidade". Como tais processos são dinâmicos, não existiria "[...] o momento da mediação, mas tão-somente o movimento, cujos atributos, abstraídos [...]"[20], são sintetizados sob o termo mediação.

De fato, a mediação "[...] não se restringe aos outros sujeitos fisicamente presentes, estende-se aos efeitos da incorporação de experiências nas relações sociais, vividas em diferentes contextos e de diferentes modos"[21]. Assim, é possível dizer que mediação é processo, não é ato, não está entre os dois termos que estabelecem a relação, ela é a relação. E as mediações não se configuram apenas como processos harmoniosos, pois refletem o que ocorre nas próprias relações sociais, elas mesmas nem sempre são harmônicas.

O modelo epistemológico em que essa categoria é formulada pretende captar o movimento, e os processos ou movimentos aos quais a mediação se refere só ocorrem dentro de componentes de uma totalidade.

---

19 G. N. Mello, *Magistério de primeiro grau: da competência técnica ao compromisso político*, p. 24.
20 *Ibidem*, p. 24.
21 M.C. R. Góes; A. L. B. Smolka (orgs.) *A significação nos espaços educacionais – Interação social e subjetivação*, p. 14.

Segundo Namo de Mello, na perspectiva experimental, a mediação corresponderia à chamada *variável interveniente*, inevitável e impossível de ser controlada. O que interessa aos experimentos são os efeitos que a manipulação de variáveis controláveis produz. No entanto, os processos que intervêm precisam ser considerados, pois só artificialmente se consegue o isolamento de apenas duas variáveis, uma das quais manipulável experimentalmente.

As mediações são processos facilitadores, que possibilitam ao indivíduo apreender o mundo que o cerca em seus significados. Elas têm um papel fundamental na constituição do sujeito humano, pois possibilitam a internalização de categorias que aparecem entre as pessoas, num nível interpsicológico, para depois se tornarem intrapsicológicas. As mediações permitem a apropriação de novos significados, com os quais os sujeitos reorganizam suas ações e sua vida.

Dentre as várias categorias existentes, tomo duas que parecem essenciais para compreender o que é mediação: contradição e totalidade.

Nesta abordagem, a categoria contradição, por seu alcance globalizante e por ser a base da metodologia dialética, pode ser considerada uma lei. Reflete o movimento mais originário do real, sendo o motor interno do desenvolvimento das sociedades. Segundo Jamil Cury, "[...] negar a contradição no movimento histórico é falsear o real, representando-o como idêntico, permanente e a-histórico"[22].

Chaui mostra que, em geral, se confunde *contradição* e *oposição*. Esclarece que:

---

22 C. R. J. Cury, *op. cit.*, p. 27.

> Na *oposição* existem dois termos, cada qual dotado de suas próprias características e de sua própria existência, e que se opõem quando, por algum motivo, se encontram. Isso significa que, na oposição, podem-se tomar os dois termos separadamente.[23]

Evidencia que, no exemplo: "o caderno não é o livro", não há contradição, mas oposição, pois a *negação é externa*, já que o caderno também não é a pedra, nem a casa etc. Na contradição, diferentemente, "[...] só existe a relação, isto é, não podemos tomar termos antagônicos fora dessa relação. São criados por essa relação e transformados nela e por ela"[24]. Só há contradição, portanto, quando a *negação é interna*, quando um dos pólos não existe sem o outro ou, mais precisamente, quando um é a negação do outro. A autora exemplifica dizendo: "a canoa é a não-árvore", ou "o escravo é o não-senhor", pois um termo inexiste sem o outro.

A contradição não constitui apenas uma categoria interpretativa do real, mas existe em seu movimento. Segundo Jamil Cury, a realidade, em seu todo subjetivo-objetivo, é dialética e contraditória, expressa sempre uma relação de conflito no devir do real, que se dá na definição de um elemento pelo que ele não é. A realidade é exatamente "a tensão dialética sempre superável do *já sido* e do *ainda não* no *sendo*"[25].

Essa categoria remete à de totalidade, também central nessa abordagem, pois eliminá-la significa tomar os processos particulares da estrutura social em níveis autônomos, sem estabelecer as relações internas entre eles. E a análise apoiada na exterioridade vê as partes como universos separados uns dos outros.

---

23 M. Chaui, *O que é ideologia*, p .36.
24 *Ibidem*, p. 37.
25 *Ibidem*, p. 31.

É importante esclarecer que totalidade não significa incluir todos os fatos, nem a soma das partes, pois o conhecimento deles em todos os seus aspectos é tarefa que o saber humano não consegue empreender. Uma compreensão dialética da totalidade contempla a relação entre as partes e o todo e as partes entre si. O conceito de totalidade implica que cada fenômeno só pode ser compreendido como um momento definido em relação a si e em relação aos outros fenômenos.

É fundamental distinguir tal concepção de totalidade daquelas usadas em outras abordagens (gestáltica, sistêmica etc.), que, com um discurso aparentemente semelhante, acabam atribuindo ao todo uma existência "em si", que vai além dos elementos que o formam ou o reduzem à mera soma de suas partes, preservando-as intactas em sua particularidade. A totalidade, na concepção histórico-cultural, é constitutiva do real, diz respeito a processos de reciprocidade e interação permanentes, que modificam não só a totalidade, como as próprias partes, em constante processo de movimento e transformação.

Retornando às contribuições de Agnes Heller, apesar de cada ser humano ser sempre membro de uma classe, na vida cotidiana ele nem sempre está em relação direta com ela. As normas, as expectativas, os sistemas de uso e exigências dessa classe são *sempre mediados por grupos face a face*. Na sociedade atual, a família e a escola ainda constituem os grupos mais significativos, pois estabelecem a mediação entre os indivíduos e os costumes, as normas, a ética e as outras integrações maiores.

É, portanto, nos grupos, que o homem aprende os elementos da cotidianidade, mas só se torna adulto quando, saindo do seu grupo básico (a família, por exemplo), é capaz de se manter autonomamente no mundo, de orientar-se em situações que já não possuem a dimensão do grupo humano comunitário.

Para viver, o ser humano necessita adaptar-se a grupos que cumprem objetivos variados (escola, trabalho, igreja etc.). O grupo, segundo Heller, constitui o grau mais primitivo de integração social, sendo, portanto, fundamental resgatar seu lugar e suas funções. A autora pondera, entretanto, que, com a sociedade burguesa, a categoria grupo passou a ocupar um lugar central, assumindo uma espécie de "universalidade", passando a tornar-se importante em si mesma. Considera, porém, um equívoco conceber os grupos como produtores de normas e usos sociais, uma vez que seu papel é de mediador desses.

Com tal afirmação, Heller não está subestimando a importância dos grupos na transformação da sociedade, pois, se é verdade que as determinações macroestruturais não podem ser desconsideradas, também é verdade que a própria sociedade é formada por grupos que a modificam, numa relação dialética mutuamente constituinte.

É nesse sentido que Patto, apoiada nessas idéias, declara que é no plano de um "[...] trabalho com pequenos grupos" que os homens têm a possibilidade de se indagar o "como" e o "porquê" de suas condições de existência. E se refere especificamente a grupos de reflexão, em que aparece um sentido de "nós" e da prática conjunta.

De tudo que foi dito, é possível concluir que os grupos têm uma *função mediadora entre a particularidade e a totalidade social*, não podendo ser tratados como um "em si", de forma desvinculada do contexto mais amplo da sociedade, uma vez que são a instância que realiza a mediação entre os indivíduos e a formação sócio-histórica a que pertencem.

Passei então a utilizar essas considerações na compreensão dos processos grupais. Nessa ótica, não é possível ver os grupos como conjuntos de elementos, em que cada um mantém sua particularidade. O que se busca não é uma compreensão particular do real, mas uma visão que seja capaz de conectar dialeticamente cada processo particular com outros processos. Assim, a mediação tem que ver com a passagem de um nível singular ou particular a um nível genérico, abstrato ou universal, e vice-versa. Ela expressa relações concretas e vincula mútua e dialeticamente momentos de um todo, indicando que nada é isolado. Tem que ver, portanto, com a categoria da ação recíproca, em que a realidade é um todo aberto, no interior do qual há determinação das partes entre si e com o todo.

Nessa perspectiva, é possível concordar com Fernández, quando afirma que nos grupos não há dicotomia entre o contexto, como uma realidade externa que exerce influência, e o texto dos grupos, pois tal "[...] realidade é parte do próprio texto grupal em suas diversas modalidades; é fundante de cada grupo; mais que cenário, drama grupal"[26]. Nessa ótica, os grupos humanos não são ilhas nem tampouco meros intermediários entre o indivíduo e a sociedade. São a própria sociedade, uma vez que estão atravessados por ela e a constituem.

□

---

26 A. M. Fernández, *La dimensión institucional de los grupos*, p. 50.

1 Afinal, o que é um grupo?[27]

■

A palavra *grupo*, etimologicamente, ou vem do italiano – *groppo* ou *gruppo*, cujo sentido original, segundo Fontana[28], era *nó, laço* – ou do germano ocidental *kruppa*, que significava *mesa arredondada*, ligada à tradição celta (*Os cavaleiros da távola redonda*). A primeira expressa a idéia de ligação, união e aprisionamento, refere-se ao grau de coesão dos grupos, e a segunda traz a idéia de círculo, de um grupo de iguais.

Apesar da existência permanente dos grupos nas sociedades humanas, de acordo com Gregório Baremblitt[29]: "Saberes teórico-técnicos, formalizados ou não, sob a forma de *corpos* 'científicos', doutrinas, ideologias, práticas etc." só começaram a aparecer no início do século XX.

Historicamente, a menção aos grupos já aparece no século XVIII, com os chamados *socialistas utópicos*, pensadores que acreditavam na possibilidade de transformação social sem necessidade da luta de classes. Socialismo utópico é a expressão

---

27 Este capítulo foi elaborado com a colaboração das psicodramatistas Maria Celina Ribeiro Lenzi e Maria Juracy Filgueiras Toneli, com quem trabalhei na formação de coordenadores de grupo, na abordagem sociopsicodramática.
28 A. E. Fontana *et al*, *El tiempo y los grupos*, p. 69.
29 G. Baremblitt (org.), *Grupos – Teoria e técnica*, p. 11-12.

usada para designar a primeira fase do socialismo, e seus principais representantes foram Fourier, Owen e Saint-Simon.

Émile Durkheim (1858-1917), considerado criador da sociologia como ciência objetiva e indutiva, influenciado pelo pensamento do filósofo evolucionista Herbert Spencer (1820-1903), aplicou o modelo biológico de análise às sociedades humanas.

Colocando como objeto de estudo da nova ciência os *fatos sociais*, estabeleceu que estes deveriam ser estudados com os mesmos métodos adotados pelas ciências da natureza. Segundo Maria Helena S. Patto, instalou a versão positivista da ciência nos estudos do homem, caracterizando a coesão dos agrupamentos sociais com os conceitos de solidariedade mecânica e orgânica. Enquanto a primeira predomina em sociedades com pouca diferenciação entre seus membros, a segunda diz respeito às sociedades mais complexas, em que existe uma "complementaridade das diversas funções exercidas por diferentes integrantes do todo social". Nessa perspectiva, tais sociedades funcionariam

> [...] como um complexo organismo onde as diferentes funções são exercidas por diferentes órgãos ou conjuntos especializados de células, funções estas em estreita inter-relação e equilíbrio e que garantem o bom funcionamento do organismo como um todo.[30]

Em conformidade com o pensamento biológico, Durkheim elaborou conceitos de normalidade e patologia social, usando o termo *anomia* para os estados de desequilíbrio das sociedades complexas, que precisariam ser corrigidos. Sua influência se faz sentir ainda hoje, na concepção de sociedade como um

---

30 M. H. S. Patto, *Psicologia e ideologia: uma introdução crítica à psicologia escolar*, 1984, p. 18.

todo integrado, articulado e saudável. Ele introduziu no pensamento social uma perspectiva pautada no princípio da *harmonia*, que teve e ainda tem forte influência nas ciências humanas em geral.

Karl Marx (1818-1883), pelo contrário, pensa que as sociedades se fundam numa *contradição* e entende que não se trata de organizar ou melhorar a sociedade capitalista, mas de trabalhar para que ela desapareça, pois a contradição só se resolve na superação. Marx introduziu no pensamento social a perspectiva da *contradição*, em que se baseia a abordagem histórico-cultural. Nessa ótica, ao trabalhar com grupos, procura-se identificar e explicitar os conflitos que freqüentemente permanecem velados e latentes, entendendo que a harmonia não existe, mas, sim, momentos de equilíbrio instável que geram contradições a serem superadas.

A partir do início do século XX, as empresas tornaram-se mais complexas, e o próprio ato do trabalho e da produção foi fragmentado pelo *taylorismo*. Em 1924, Elton Mayo, em pesquisas relacionadas com a produção industrial, descobriu a importância do aspecto grupal no rendimento do trabalho. A partir daí, coloca-se a questão das relações interpessoais nas empresas, dando origem ao movimento chamado de "Relações Humanas".

É importante salientar que, no campo específico da psicologia social, segundo Georges Lapassade, as primeiras interrogações a respeito dos grupos surgem com a psicossociologia, termo que pode ser usado em vários sentidos:

1 Para definir o conjunto do que se chama psicologia social, e seria o estudo das representações sociais, da opinião pública e de aspectos sociais das diferentes funções psicológicas.

2 Numa acepção mais técnica, em que o psicossociólogo seria um perito dos estudos de motivação, sondagens de opinião etc.
3 Num sentido mais restrito, designando a psicologia dos grupos e também a prática da formação e da intervenção.

A *interação* aparece como o conceito principal da psicossociologia. A perspectiva interacionista define seu perfil, e sua preocupação se refere à forma de inserção dos grupos na sociedade, sua função social, incluindo uma possibilidade metodológica que estabelece critérios de medida, de comparação, de correlação, para poder identificar índices de regularidade do fenômeno grupal, assim como suas possibilidades de verificação ou validação.

Algumas concepções de grupo

Qualquer conjunto de pessoas constitui um grupo? Reduz-se o grupo *à soma das individualidades que dele participam,* de tal forma que, para conhecê-lo, bastaria conhecer seus integrantes? Ou se constitui o grupo numa *realidade supra-individual*, que transcende as subjetividades particulares que o compõem, de tal forma que se pode falar numa espécie de "espírito do grupo"?

O Novo Dicionário Aurélio, entre outras definições para a palavra *grupo*, traz as seguintes:

1 Conjunto de objetos que se vêem de uma vez ou se abrangem no mesmo lance de olhos.
2 Reunião de coisas que formam um todo.
3 Reunião de pessoas.
4 Pequena associação ou reunião de pessoas unidas para um fim comum: o grupo de trabalho da Secretaria de Educação reuniu-se ontem...

5 Conjunto de capoeiristas que obedecem à orientação de um mesmo mestre, treinam regularmente em comum e se reúnem num determinado local. Grupo étnico: o grupo de famílias de mesma descendência e tradição. Grupo social: forma básica de organização humana: agregado social que tem uma entidade e vida própria, e se considera como um todo, com as suas tradições morais e sociais.

Essas definições encerram alguns pontos em comum: conjunto, reunião, associação, agregado. Todas elas mantêm a *idéia de inclusão de mais de um elemento*, que parece obedecer a *algum critério*, seja ele uma tarefa, uma ascendência ou descendência comum, uma proximidade física. Ainda, em pelo menos duas delas, a palavra *todo* surge, além da possibilidade de existir um *coordenador/orientador*. Parece, então, que grupo não significa um amontoado qualquer de pessoas, precisando de algo para que seja definido como tal.

Segundo A. Scherzer[31], existem cinco variáveis constitutivas da existência de um grupo humano:

1 uma pluralidade de indivíduos/integrantes;
2 um ou vários objetivos comuns;
3 um espaço dado;
4 um tempo determinado;
5 um contexto social – a sociedade.

As normas sociais e culturais de cada região, das instituições etc. incidem sobre a dinâmica grupal, mas não determinam necessariamente sua existência. De acordo com essas variáveis, podem existir vários tipos de grupo: espontâneo/

---

31 A. Scherzer, "Acerca de los grupos humanos", p. 57-71.

institucional, transitório/duradouro, aberto/fechado, e assim por diante.

Os grupos que mais interessam para a presente reflexão são os *pequenos grupos*, também chamados de *microgrupos*, que consistem em um conjunto de participantes que mantêm um contato face a face. Trata-se, em geral, de configurações efêmeras, transitórias, temporárias, circunscritas no tempo e no espaço, de um núcleo de pessoas bastante pequeno, de tal forma que cada uma pode ligar-se a cada uma das outras de modo direto e pessoal.

Existem microgrupos mais estáveis, como a família, a vizinhança, a escola, que funcionam como "grupos primários". São espaços de experimentação "natural" do homem e têm importância fundamental para o desenvolvimento da personalidade e para a manutenção das idéias e ideais sociais do indivíduo.[32]

Na sociedade industrial contemporânea, os microgrupos vêm perdendo sua autonomia e singularidade, uma vez que estão dominados pelas dinâmicas da produção e do consumo. Perdem, então, parte de sua função de mediação entre o indivíduo e a totalidade social, no sentido de poderem influenciar a constituição das qualidades específicas da individualidade. A mídia, por exemplo, assume cada vez mais esse papel de mediadora, tomando o lugar ou diminuindo a importância dos microgrupos.

Configurações novas, entretanto, surgem quase de forma espontânea, esboçando reações ou tentativas reativas, ainda que parciais e fragmentárias. Segundo Adorno e Horkheimer, os microgrupos jamais perdem sua função mediadora, embora ela dependa de como a sociedade se estrutura e se organiza em determinado momento histórico.

---

32   T. W. Adorno; M. Horkheimer, *Temas básicos em sociologia*, p. 61-77.

Tem sido grande o interesse da sociologia e da psicologia social pelos pequenos grupos. Tal interesse, contudo, parece ser mais de ordem pragmática, visando à estruturação e ao desenvolvimento de equipes de trabalho, associado à idéia de produtividade e relegando a um plano secundário as relações recíprocas entre esses grupos e o contexto social e histórico em que se situam.

Para Gregório Baremblitt, o fato de não existir *uma* teoria sobre grupos, mas *várias*, tanto indica a riqueza e complexidade do fenômeno grupal como evidencia uma dificuldade na definição do objeto das referidas teorias. Por esse motivo, aponta que é importante verificar as fontes epistemológicas que permeiam a compreensão dos grupos. A seu ver, as principais são a psicanalítica, a fenomenológico-existencial (Sartre, Buber), a psicodramática (Moreno), a de base empirista-pragmatista (Dewey, Mead) e a gestaltista (Lewin).

Na mesma direção, Roberto F. Carvalho mostra que, no conhecimento sobre grupos, o que geralmente se encontra são "conjuntos de observações, descrições, prescrições, técnicas e elaborações teóricas que não rompem com o estatuto do empírico". Isso significa que o conhecimento obtido não vai além de uma sistematização dos dados. Caracteriza um discurso pré-científico, que contribui para perpetuar "uma causação circular, plana e acumulativa, onde se vai pouco além do que já está dado no início"[33]. Entre os vários impasses enfrentados pelas teorias sobre grupos, aponta alguns bastante significativos, como a ideologia, a utilização e a apropriação social de seus efeitos.

---

33   R. F. Carvalho, "O que se passa neles? O que são?", p. 90.

Kurt Lewin – A primeira perspectiva teórica em psicologia dos grupos

Historicamente, a primeira tentativa de estudar grupos ocorre com a *dinâmica de grupos* de *Kurt Lewin*, que, pensando na posição social do grupo, estipula a necessidade de estabelecer uma área específica do acontecer grupal. Numa ótica positivista, entende que o grupo deve ter qualidades de "objeto", de modo a demarcar um campo quase disciplinar e que requer um corpo conceitual próprio.

De origem alemã, em 1933 Lewin emigra para os Estados Unidos e se torna, em 1940, professor da Universidade de Harvard. Em 1945 funda um centro de pesquisas em dinâmica de grupo e, em um artigo, introduz esse termo no vocabulário da psicologia contemporânea. Falece em 1947, mas um de seus alunos, Leland Bradford, cria o primeiro Laboratório de Treinamento em Desenvolvimento Grupal (NTL), que trouxe contribuições importantes ao avanço da psicoterapia de grupo, como a do T-GROUP. Este se tornou um instrumento útil no diagnóstico de fenômenos grupais, pois "[...] detecta as relações de força e sua evolução no grupo, e evidencia a busca constante no grupo de um *leadership* e de bodes expiatórios"[34].

Lewin é considerado o fundador de uma dinâmica de grupo que pretendia ser a ciência experimental dos pequenos grupos, e que consistiria na análise geral e científica dos caracteres gerais da vida dos grupos. Numa primeira etapa, constituiu-se como uma ciência experimental praticada em laboratório e sobre grupos artificialmente reunidos, para fins de experiência, com controle de variáveis, quantificação etc. Numa segunda fase, saiu do labo-

---

34 L. Russo, "Breve história dos grupos terapêuticos", p. 21.

ratório, passando a tratar com grupos reais, na solução de conflitos sociais.

Em dinâmica de grupo, termo que passou a designar essa abordagem, a pesquisa se refere essencialmente à coesão, às comunicações, aos desvios, à mudança e resistência à mudança, à criatividade e à liderança nos grupos. No aspecto coesão, Lewin investigou o sistema de forças que impulsionam os grupos (desenvolvimento) e que motivam a permanência deles (coesão). Constatou que nos grupos naturais predominam os fatores de coesão e aceitação dos objetivos pelos membros do grupo.

Para Lewin, ligado à psicologia da Gestalt, "o todo é distinto da soma de suas partes", e o fato de um certo número de pessoas manifestarem algumas concordâncias (por exemplo: sexo, raça, atitudes, posição social) não faz delas necessariamente um grupo. Entretanto, um todo ou um grupo com razoável solidez pode ser composto por partes ou membros bastante heterogêneos.

Segundo essa concepção, nos grupos, os indivíduos interagem e criam um estado de equilíbrio resultante das forças em jogo, constituindo "totalidades dinâmicas", que resultariam das interações entre seus membros. Os momentos iniciais da formação de um grupo determinam seu devir e as etapas ulteriores, e suas leis e modalidades de funcionamento encontram-se inscritas nos processos e nas fases de sua gênese. Lewin iniciou a exploração de três problemas-chave que levaram à descoberta da dinâmica dos agrupamentos humanos: a comunicação, o aprendizado da autenticidade e o exercício da autoridade em grupos de trabalho.

Evidenciou que a integração grupal depende do nível de comunicação entre seus membros e que a aprendizagem da autenticidade exige algumas condições: o desejo de questionar, de atingir o modo mais adequado de comunicação com o outro e um clima de aprendizagem propício ao crescimento e aperfeiçoamento humano.

Quanto à liderança, seus estudos chegaram a três tipos diferentes de organização: o grupo *autocrático*, em que a organização é definida de fora; o grupo *laissez-faire*, em que não há diretrizes; e o *democrático*, considerado a forma ideal, pois nele os indivíduos interagem para encontrar a melhor organização.

Uma contribuição importante de Lewin foi a distinção entre dois tipos de microgrupo: o "sociogrupo" e o "psicogrupo". Enquanto o sociogrupo seria aquele que tem uma tarefa estruturada, o psicogrupo constituiria um grupo centrado em si mesmo e estruturado em função de seus próprios membros.

Entre os investigadores que seguiram as pegadas de Lewin, William C. Schutz (1958) trata da interdependência e da estreita correlação que há, em todo grupo de trabalho, entre seu grau de integração e seu nível de criatividade. Apresenta também uma teoria das "necessidades interpessoais", que seriam: de inclusão, que consiste na necessidade de todo membro novo de um grupo de se sentir aceito; de controle, que consiste em definir responsabilidades, e a necessidade de afeição, que é o desejo de todo indivíduo, no grupo, de ser percebido como insubstituível.

G. Lapassade aponta que essa perspectiva sofreu forte influência dos valores ideológicos propostos pela sociedade americana. Pondera também que é preciso relativizar a idéia de "melhor" forma de organização, pois ela não pode ser absoluta, estabelecendo-se conforme o contexto, valores e modelos específicos. Nessa ótica, uma organização corresponde a um equilíbrio momentâneo de forças em ação, e não a um modelo ideal previamente colocado.

Além disso, essa abordagem atribui aos grupos um estatuto ontológico, ou seja, uma realidade "em si", de caráter supra-individual, sugerindo que sua unidade estaria acima dos indivíduos que os compõem. Outrossim, subjaz a ela uma visão de harmonia pautada num modelo ideal preexistente.

Carl Rogers e os grupos de encontro

Os "grupos de encontro" de *Carl Rogers* constituíram um trabalho com grandes grupos, muito em voga nas décadas de 1950 e 1960, nos Estados Unidos. Neles buscava-se explorar as condições definidas para a relação terapêutica bipessoal, ou seja, aplicavam-se a grupos pequenos as mesmas condições existentes nesse outro tipo de relação. Rogers e seus colaboradores desenvolveram então uma modalidade de trabalho terapêutico com base naquela, conhecida como Terapia Centrada no Cliente.

Os rogerianos caracterizaram o *papel do coordenador* como de um *facilitador* na produtividade dos processos auto-organizativos, e recomendavam uma renúncia aos esquemas preestabelecidos, centrando-se na vivência e expressividade presente de cada um dos participantes e do grupo como conjunto.

Na primeira metade da década de 1970, houve um aprofundamento e radicalização dessa postura, e os grupos tiveram sua duração aumentada, incluindo fins de semana ou mais dias, de modo intensivo. As vivências deixaram de ter um caráter exclusivamente terapêutico, centrando-se mais nas possibilidades de expansão da sanidade e do crescimento. Houve, ainda, um aumento do número de participantes, e em alguns casos excepcionais contou-se com centenas deles.

De acordo com Lapassade, a ausência de uma construção teórica sólida propiciou a estagnação e distorção dessa proposta, uma vez que referenciais teóricos consistentes são imprescindíveis para que uma prática, ainda que extremamente rica, não degenere em mistificação e manipulação. A constatação de que os princípios rogerianos para a relação terapêutica poderiam não ser suficientes ou eficazes colocou em questão seus alicerces teórico-técnicos.

Para Rogers, declara Lapassade[35], "[...] os verdadeiros conhecimentos não estão no exterior, mas no interior de cada um, em sua experiência". Colocando Sócrates e Rousseau como precursores da não-diretividade, o autor considera que, sob o aspecto de seus fundamentos filosóficos e políticos, o pensamento de Rogers representa "[...] um retrocesso com relação a esses dois precursores, pois ele se refugia num certo psicologismo", já que a neutralidade não-diretiva aponta um pretenso apoliticismo do homem da ciência e do terapeuta, o que constitui uma opção política não declarada nem explicitada.

Segundo o mesmo autor, a teoria rogeriana desenvolveu-se no contexto social de uma sociedade industrial hierarquizada, em que os homens são "[...] candidatos a uma maturidade psicológica cuja norma carregam em seu interior [...]". De acordo com ele, o movimento não-diretivo contemporâneo "[...] psicologiza a política em lugar de politizar a psicologia", pois "[...] a não-diretividade individual ou social não coloca em questão a diretividade estrutural [...]"[36].

Jean-Paul Sartre e a dialética dos grupos

Insatisfeita com as perspectivas acima referidas e em busca de uma compreensão dialética dos grupos, descobri que Enrique Pichon-Rivière foi dos poucos autores a tentar

---

35 G. Lapassade, *Grupos, organizações e instituições*, p. 57.
36 *Ibidem*, p. 61.

empreender uma leitura dessa ordem, apoiado nas concepções desenvolvidas por Jean-Paul Sartre em *Crítica da razão dialética*.

Eu já havia empreendido esforços de aproximação da teoria psicodramática às concepções desse autor, no início dos anos 1980, quando, juntamente com duas colegas psicodramatistas e um professor de filosofia, publicamos dois artigos[37] na Revista da Febrap. Os dois textos foram produzidos em um grupo de estudos em que buscávamos fazer uma aproximação entre alguns conceitos do psicodrama e as reflexões sartreanas, especialmente entre a espontaneidade moreniana e a consciência espontânea em Sartre. O psicodramatista Carlos Rubini[38], buscando aprofundar a compreensão dos fenômenos grupais, também recorre às contribuições daquele autor.

Como vimos anteriormente, Baremblitt, ao tentar aclarar as fontes epistemológicas subjacentes à compreensão dos grupos, considerou a abordagem psicodramática como separada da tradição *fenomenológico-existencial*, em que incluiu apenas Buber e Sartre. É inegável, entretanto, a influência dessa tradição no pensamento moreniano: Buber desenvolveu o conceito de *encontro*[39] semelhante ao de Moreno e colaborou na revista criada por ele; *Kierkgaard* faz parte de sua matriz de pensamento e, quanto ao existencialismo, Moreno criticava as concepções sartreanas, por considerá-las intelectualizadas.

---

[37] 1) S. M. Duclós; C. S. A. Andaló; P. Bertolino, "Considerações sobre a questão do Eu em Moreno", p. 5-10. 2) S. M. Duclós; C. S. A. Andaló; Bertolino; M. Pereira, "A consciência espontânea em Sartre", p. 48-51.
[38] C. J. Rubini, "Dialética dos grupos – Contribuições de Sartre à compreensão dos grupos", p. 149-156.
[39] J. S. Fonseca Filho, *Psicodrama da loucura: correlações entre Buber e Moreno*. Esse autor pesquisa as correlações entre o pensamento de Martin Buber e o de J. L. Moreno.

Quase quinze anos depois, senti-me impelida a revisitar os escritos de Sartre, num esforço de aprofundar a compreensão sobre os grupos. Faz-se necessário, entretanto, esclarecer que agora não se trata de uma tomada de empréstimo de alguns conceitos da perspectiva fenomenológico-existencial para a releitura histórico-cultural da obra moreniana, que estou procurando empreender. Além das diferenças de matriz epistemológica, é importante considerar que as reflexões de Sartre foram feitas no âmbito da filosofia. Isso significa que não se refere a sujeitos empíricos compondo grupos datados e localizados em contextos específicos. Para melhor entender isso, basta lembrar que ele elaborou suas idéias sem contato direto e experiência com grupos efetivamente existentes, com base em uma análise teórica a respeito do processo ocorrido durante a Revolução Francesa. Refere-se, portanto, a grupos em abstrato.

De qualquer forma, a experiência que tive com agrupamentos variados permite confirmar a propriedade de muitas de suas reflexões. Correndo o risco de não aprofundar conceitos bastante específicos e complexos desse pensador, sinto-me obrigada a apresentar alguns, até porque o contato com eles modificou minhas concepções e ações nos grupos que trabalhava. Afinal, fazem parte de minha matriz de pensamento sobre essa temática.

Sartre considera que nem sempre existe grupo quando as pessoas estão reunidas, mas apenas o que ele denomina *série* ou *serialidade*. Afirma que "[...] a reunião inerte, com sua estrutura de serialidade, é o tipo fundamental de socialidade"[40]. A série é sempre constituída com base em um objeto comum exterior, razão pela qual sua unidade está

---

40 J. P. Sartre, *Crítica de la razón dialéctica*, p. 12. Traduções da autora.

em outro lugar, que não nela mesma. Tomando como exemplo uma fila de pessoas esperando um ônibus, aí não existe grupo, pois os indivíduos não desenvolvem, nessa situação, qualquer elo entre o mundo interior de cada um, sendo o ônibus o objeto material e exterior que produz a série. Em suas palavras: "[...] na relação serial, de fato, a unidade, como razão da série, está sempre em outro lugar"[41].

Para o autor, o grupo se constitui numa luta interminável contra a serialidade. Enquanto a série é a dispersão dos homens, massificação, o grupo, ao contrário, é totalização e só se constitui quando a *necessidade individual é vista como comum*. Ele gera a unificação das liberdades e, com ela, *relações de reciprocidade*.

É interessante observar que, nas escolas, as turmas são designadas como *séries* (1ª série, 2ª série etc.). Constata-se que, de fato, a grande maioria dos profissionais que nelas atuam costumam ver tais grupos como um somatório de alunos, portanto, com as características da serialidade.

O tipo mais puro de grupo é o que Sartre denomina *grupo em fusão,* que se constitui contra a série, no momento em que se estabelecem *objetivos comuns*. Na fusão, cada um é agente totalizador, e a totalização se encontra, ao mesmo tempo, em todo lugar e em lugar nenhum. Segundo Rubini, "A fusão é o momento fundamental da vida de um grupo", pois nela aparece um novo tipo de relação:

> [...] cada qual se torna para si e para os outros uma pessoa com a qual é necessário contar. Há uma transformação qualitativa nas relações entre as pessoas, e a 'fusão' dos interesses comuns conduz a uma ação comum [...] [42]

---

41 J. P. Sartre, *op. cit.*, p. 22.
42 C. J. Rubini, *op. cit.*, p. 151.

No grupo em fusão, cada um é soberano, pode decidir por todos, sem se tornar chefe. Faz-se líder provisório aquele que é capaz de encontrar caminhos, ver o possível com olhos comuns. Não existe, portanto, nesse tipo de agrupamento, uma liderança no sentido tradicional.

Assim sendo, o grupo em fusão

> [...] esboça materialmente [...] uma primeira diferenciação de funções, uma divisão de trabalho, isto é, coloca todas as condições necessárias para que o grupo em fusão não caia na reunião.[43]

A título de ilustração da passagem da serialidade à fusão, se o referido ônibus sofre um acidente qualquer, os objetivos antes particulares dos indivíduos (ir na mesma direção) tornam-se comuns, e um membro desse "grupo em fusão", ao dar sugestões ou tomar iniciativas, passa a exercer temporariamente a função de líder. Num momento subseqüente, entretanto, outra pessoa que apresente uma alternativa melhor pode ocupar esse lugar.

Além do estabelecimento de objetivos comuns, para a constituição de um grupo, faz-se necessário o que Sartre denomina *reciprocidade mediada,* pois a ação dos outros constitui um meio para cada um, e a atividade organiza um campo em função dos objetivos estabelecidos. Cada um é, portanto, ao mesmo tempo, "mediador" e "mediado", ou seja, ele próprio e o grupo.

Sartre considera um erro comum, de muitos sociólogos, tomar "[...] o grupo como uma relação binária (indivíduo-comunidade), quando, em realidade, trata-se de uma relação ternária"[44]. Afirma ele que "[...] os membros do grupo

---

43 J. P. Sartre, *op. cit.*, p. 38.
44 *Ibidem*, p. 39.

são os terceiros", isto é, cada um totaliza as reciprocidades de outro. Essa reciprocidade será mediada, pois "a ação de um é recíproca à do outro". Assim, "o grupo é mediação".

Outra característica do grupo é a *totalização* em que ele se constitui, sem que isso resulte na existência de um ser-do-grupo, que transcenda aos indivíduos. O grupo, nesse sentido, define-se não como um ser, mas como um ato.

A vida do grupo constitui-se de uma tensão permanente entre dois pólos extremos — a serialização e a totalização. E essa tensão é, segundo Sartre, o motor da dialética dos grupos, pois é a luta contra uma volta, sempre possível, à serialidade.

A "unidade de grupo" pode ser definida como uma relação sintética que une os homens por um ato e para um ato. Este "nós" que se estabelece, entretanto, é prático, e não substancial. A unidade do grupo, em sua concepção, "[...] é dada pela ação grupal, pela unidade das ações. A unidade do grupo é prática. Não é ontológica, de um ser ou estado, mas de um ato em curso"[45]. É nessa perspectiva que Sartre considera inadequados e de caráter idealista, na compreensão dos grupos, tanto o modelo biológico como o gestaltista, que considera o todo como diferente da soma de suas partes.

Uma característica do grupo em fusão é sua falta de estabilidade, ou seja, ele se dissolve facilmente, devido ao fato de que sua unidade ainda é determinada de acordo com o exterior. Na tentativa (nunca atingida) de superação do risco de dissolver-se novamente na serialidade, ocorre uma modificação no grupo, quando os participantes ligam-se por meio daquilo que Sartre denomina *juramento*. O juramento é um es-

---

45 C. J. Rubini, *op. cit.*, p. 152.

tatuto de permanência, introduz no grupo uma primeira obrigação, que é o compromisso de cada um com o grupo, e torna possível o nascimento daquilo que é "comum".

Afirma Sartre que "[...] o juramento não é nem uma determinação subjetiva, nem uma simples determinação do discurso, é uma modificação real do grupo [...]"[46] pela ação reguladora de todos. O juramento constitui-se num poder difuso de jurisdição no grupo, o poder de cada um sobre todos e de todos sobre cada um.

O juramento não é um ritual. Nele, "[...] o primeiro movimento é jurar para fazer os Outros jurarem, por reciprocidade mediada, isto é, para garantir-se contra a possibilidade de dispersarem, e o segundo momento da operação é jurar para proteger-se contra si, através dos Outros". Ou seja, a "[...] minha 'fé jurada' volta para mim como uma garantia contra minha liberdade, através da liberdade do terceiro"[47]. O juramento é, portanto, uma limitação à liberdade individual.

Segundo esse pensador, é pela mediação do juramento que o grupo obtém maior estabilidade e passa a se preocupar com sua *organização*. Somente a partir daí é que se pode verdadeiramente falar de grupos, uma vez que é então que o grupo se toma como objetivo e procura objetivos comuns.

No momento em que o grupo se constitui como um *grupo com tarefa*, cria-se a necessidade de uma organização para realizá-la. Isso implica distribuição e diferenciação de funções (papéis): "O lugar de cada um está em relação com a organização de todos, com a repartição de tarefas originadas do objetivo comum"[48]. Nesse momento, os atos parti-

---

46 J. P. Sartre, *op. cit.*, p. 87.
47 *Ibidem*, p. 88.
48 M. S. de Asch, *Hacia una didáctica de lo grupal*, p. 77.

culares adquirem sentido no conjunto, pois cada função supõe a organização de todas as outras.

É no momento em que os participantes se sentem ligados por compromissos que o controle das possibilidades de fuga e dispersão assumem formas mais duras. Afirma Sartre: "O grupo, na ausência de pressão material, tem que produzir-se a si mesmo, como pressão sobre seus membros"[49]. À medida que a violência é exercida, do grupo em direção a seus membros, aparecem comportamentos como o de "traidor" e de "bode expiatório".

Para Sartre, o grupo, permanentemente ameaçado pela possibilidade de retorno à serialidade, exige uma autocriação contínua de si mesmo. Nesse sentido, a primeira característica do grupo que se organiza é: "[...] ele se faz grupo e só continua a ser grupo na medida em que se faz continuamente"[50]. Nessa perspectiva, o trabalho no grupo é duplo: o grupo se trabalha e o grupo trabalha. Ele se trabalha para

> [...] conquistar uma espécie de contínua criação, essa unidade ontológica que lhe falta, que lhe faltará sempre e de que conserva, no entanto, o desejo; e, por outro lado, o trabalho em grupo realiza uma unidade prática dos organismos que o compõem.[51]

Se esse conjunto de operações já supõe uma diferenciação (a criação de papéis, aparelhos especializados, órgãos etc.), ainda não implica, entretanto, a instalação do *comando*, que só aparecerá num estágio ulterior. Quanto a esse aspecto, Sartre rejeita as descrições feitas por Lewin (auto-

---

49 J. P. Sartre, *op. cit.*, p. 96.
50 G. Lapassade, *op. cit.*, p. 237.
51 *Ibidem*, p. 246.

ritário, democrático, *laissez-faire*), porque, segundo ele, no nível do grupo com tarefa, ainda não há dirigentes, mas apenas chefes e líderes.

Nessa concepção, o grupo está constantemente obcecado pela tentativa, sempre fracassada, de atingir uma estabilidade que não seja apenas a unidade da ação em comum, só alcançada com a *institucionalização*, ou seja, quando as tarefas, funções, órgãos e o poder se transformam em instituição. Ela significa, porém, contraditoriamente, a "morte do grupo", representando um retorno à serialidade.

Evidentemente, este texto não pretende contemplar toda a riqueza da compreensão desse autor sobre os grupos. Pelo contrário, foi preciso realizar uma simplificação, que acaba, inevitavelmente, deformando alguns dos complexos conceitos desenvolvidos por ele. Decidi focalizá-la, apesar dessas limitações, por apresentar contribuições importantes ao estudo dos grupos. A primeira delas reside no fato de ele ser um dos poucos teóricos que apresenta uma perspectiva dialética, recusando concepções que impliquem o mito da eternidade e da maturidade dos grupos, uma vez que os concebe como movimento sempre inacabado, totalização em processo, que jamais é totalização realizada.

Sartre se opõe à concepção dinâmica, que vê o grupo como equilíbrio de forças (Lewin), à organicista, que o assimila a um organismo vivo (modelo biológico), e à cibernética, que o transforma em máquina.

Para mim, foi bastante enriquecedor entrar em contato com essa concepção do *grupo como movimento ou devir,* como um equilíbrio instável e temporário, sempre em mudança e ameaçado pela dispersão e pelo retorno à serialidade. É nesse sentido que ele afirma que o grupo é "existência" sem "essência", uma relação sintética que une os homens por um ato e para um ato, criando uma unidade prática e nunca substancial.

Para quem lida com grupos, é notória sua permanente tendência à dispersão. Especialmente nas fases iniciais, observa-se uma forte instabilidade – pessoas faltam, desistem etc. Tal fenômeno, geralmente atribuído à inabilidade ou ineficácia do coordenador (o que, evidentemente, também pode ocorrer), faz parte do processo de constituição do "nós", do sentido de pertinência.

Nesse momento inicial, em geral, os participantes se reúnem por motivos próprios, de sua particularidade, ou por informações freqüentemente distorcidas e idealizadas a respeito da abordagem, dos objetivos propostos, do grupo ou da equipe de coordenação. Por essas razões, os primeiros encontros costumam ser difíceis, pois neles se estabelecem o contato e o reconhecimento do grupo efetivamente existente – surgem dúvidas, temores, decepções e surpresas, que ampliam a instabilidade e a tendência à dispersão característica dos grupos.

Essas colocações esclarecem o sério *desafio epistemológico* que é o grupo. Como fenômeno que se caracteriza por um estado de contínuo movimento, qualquer ocorrência (a entrada, a saída, a falta de alguém, as manifestações verbais, os comentários etc.) provoca desequilíbrios e modificações que alteram a configuração grupal, desafiando permanentemente quem procura conhecê-la. Nesse sentido, toda e qualquer compreensão que se possa ter dos grupos não passa de hipóteses de caráter provisório, que necessitam de constantes revisões e reformulações.

Em 1993, Marta Souto de Asch, professora da Universidade de Buenos Aires, publica um livro sobre didática baseado nas idéias de Pichon-Rivière e nas contribuições de Sartre. Evidencia que definir o que é um grupo é um desafio e um árduo empreendimento, dado o caráter dinâmico das relações que se estabelecem entre os indivíduos que têm um objetivo comum. Considera que conhecer o grupal é uma *tarefa extre-*

mamente difícil, já que ele não se constitui como um objeto discreto, isolável do seu contorno, mas, pelo contrário, caracteriza-se pela "imprevisibilidade", por "mudanças e movimentos contínuos", por "formas sempre inéditas", por "configurações singulares", por "ecos, ressonâncias e marcas".

Segundo a mesma autora, o grupal interpela quem tenta conhecê-lo, evidencia a falibilidade, a relatividade do conhecimento, rompendo qualquer fantasia de onipotência. Em suas palavras:

> Conhecer o grupal é implicar-se desde o conhecimento, o sentimento, a ação, em um mundo cambiante, dinâmico, complexo, contraditório, diverso, em um caminho vertiginoso de ordens e desordens ziguezagueantes, em entrecruzamentos múltiplos.[52]

Por tais características, o grupal, ao mesmo tempo em que atrai e fascina, desperta temores, inseguranças, resistências, inibições, deformações perceptivas, dificuldades para observar e sentir os fenômenos. Assim, provoca equívocos na razão que tenta recortá-lo, paralisá-lo e interromper a dinâmica de um processo que é movimento constante, que se altera ante qualquer intervenção.

Enrique Pichón-Rivière e os grupos operativos

Como já foi dito, um dos nomes mais respeitados na compreensão dos processos grupais, e que sofreu influência das reflexões desenvolvidas por J. P. Sartre, é o de *Enrique Pichón-Rivière*, psicanalista argentino que procurou fazer uma leitura dialética do funcionamento dos grupos. Sem pretender aprofundar na perspectiva desse autor, faz-se im-

---

52 M. S. de Asch, *op. cit.*, p. 25.

portante mencioná-lo, dada sua influência no que vem sendo desenvolvido na área do acontecer grupal.

Baseado num *esquema conceitual, referencial e operativo* que denomina ECRO, esse autor entende a psicologia como psicologia social, à medida que vê o sujeito como o emergente de uma complexa trama de vínculos e relações sociais. Assim sendo, o sujeito tem um duplo caráter – o de "agente", de ator do processo interativo – e o de "sujeito-sujeitado", pois se constitui nas relações que estabelece com os outros homens na luta pela sobrevivência. Aliás, nessa ótica, o sujeito é entendido como "sujeito da necessidade", que interage com o mundo para satisfazê-lo, o que ocorre no interior de redes vinculares, a partir da contradição interna entre necessidade e satisfação. Nesse sentido, o grupal se configura como cenário e instrumento da constituição do sujeito.

O *fazer* e a *tarefa* ocupam um lugar fundante nessa concepção, pois a ação transforma o contexto mas também o próprio sujeito da ação, numa relação dialética, em que sujeito e mundo são mutuamente constituintes.

A *tarefa* como um processo, um conjunto de ações destinado a atingir um ou mais objetivos, funciona como um princípio organizador da estrutura interacional que é o grupo. Ana Quiroga, colaboradora de Pichón-Rivière, afirma que o grupo se caracteriza como:

> [...] um conjunto restrito de pessoas que, ligadas por constantes de tempo e espaço, *articuladas* por sua mútua representação interna, se propõe, sob forma explícita ou implícita, uma *tarefa* que constitui sua finalidade, interatuando através de complexos mecanismos de assunção e atribuição de papéis.[53]

---

53 A. P. Quiroga, *Enfoques y perspectivas en psicología social*, p. 78. Traduções da autora.

Pichón-Rivière evidencia que o simples compartilhar tempo, espaço e eventualmente objetivos não é condição suficiente para o estabelecimento de uma relação vincular. Faz-se necessária uma relação de mútua reciprocidade. O grupo é visto por ele como *unidade operacional*, como um processo de interações, em que há determinação recíproca, isto é, as ações de um influenciam as ações dos outros. Não existe grupo sem tarefa ou objetivo, já que em toda relação se estabelece um sentido de operatividade, seja ela bem-sucedida ou não. Dessa forma, o *vínculo* é entendido como unidade básica de interação, e o grupo, como trama vincular, sendo ambos o cenário e o instrumento de resolução das necessidades, que, por sua vez, têm historicidade individual e social.

O vínculo se institui à medida que persistem a comunicação e o interatuar,

> [...] ao reconstruir cada ator, em seu mundo interno, a trama relacional da qual participa. Cada um dos sujeitos fica habitado pelos personagens, pelas figuras e relações que estruturam essa trama.[54]

No vínculo, cada sujeito reconhece o outro como diferenciado de si e ao mesmo tempo relacionado com ele. Nesse processo de mútua representação interna, internalização recíproca ou totalização, é que emerge o "nós", ou seja, a vivência da unidade vincular ou grupal, que se transforma em "pertenência" – o sentimento de integrar um grupo, identificar-se com suas vicissitudes e seus acontecimentos.

Quanto aos papéis, cada membro do grupo constrói o seu em relação aos demais e à tarefa. O autor destaca três

---

54 A. P. Quiroga, *op. cit.*, p. 93.

tipos de papéis: o de *porta-voz*, desempenhado por aquele integrante que fala por todos os outros e que denuncia o que ocorre explícita ou implicitamente no acontecer grupal; o do *líder*, que se faz depositário dos aspectos positivos do grupo; e o de *bode expiatório*, que, pelo contrário, se faz depositário dos aspectos negativos do grupo, sendo excluído pelos demais. O *papel do coordenador*, por sua vez, é requerido em função da tarefa, de acordo com os obstáculos que surgem no acontecer grupal.

Pichón-Rivière desenvolve ainda dois conceitos importantes: o de *verticalidade*, que diz respeito à história particular dos sujeitos, e o de *horizontalidade*, que se refere ao processo que ocorre no grupo. Enquanto, num âmbito psicoterapêutico, a ênfase recai sobre a verticalidade, pois o que interessa é a história pessoal dos clientes, num nível grupal operativo, privilegia-se a horizontalidade, que focaliza o aqui e agora da relação grupal. Essa divisão estabelecida por Pichón-Rivière me auxiliou bastante na distinção que procurava fazer entre grupo psicoterapêutico e temático.

Jacob Levy Moreno – O psicodrama e a sociometria

O psicodrama de Jacob Levy Moreno constitui um olhar próprio sobre o processo grupal, que inclui conceitos e métodos específicos. Não se preocupando com uma definição abstrata e científica de grupo, Moreno declara que sua pergunta inicial foi terapêutica, a saber: "como se pode ajudar as pessoas que vivem em grupo, mas permanecem solitárias?"

Para ele, as forças do grupo possuem um papel decisivo na estruturação da subjetividade, sendo mais fácil objetivar e resolver os problemas individuais dentro do grupo. Ao que se sabe, nunca trabalhou com psicoterapia individual, entendendo que, se o homem adoece em grupo, em grupo tem de se curar.

Moreno preocupou-se com a *dimensão institucional dos grupos*, criando a *sociometria* como uma técnica de mudança social cuja base é *interpsicológica*. A seu ver, a sociometria constitui a "cristalização mais avançada e mais ordenada da tendência a descrever e medir a dinâmica dos grupos [...]"[55] Por meio dela, investiga as redes formais e informais de comunicação, os processos verbais e não-verbais dessas redes. A intervenção sociométrica nos grupos e instituições é, porém,

> [...] animada por uma preocupação análoga à do psicodrama: trata-se sempre de liberar a espontaneidade e a criatividade, a capacidade de inventar uma história pessoal ou uma história coletiva.[56]

Evidenciou que cada grupo tem uma estrutura oficial e uma sociométrica, que costumo chamar de "oficiosa", que podem coincidir em certos pontos e divergir em outros, mas é raro que sejam totalmente idênticas. Segundo ele, é a síntese dessas duas estruturas que produz a realidade social.

Segundo René Marineau[57], seu interesse pelos grupos começa na juventude, quando se reunia com crianças nos jardins de Augarten (1908), com grupos de prostitutas (1913) ou quando, em 1908, junto com amigos, criou a "Religião do Encontro". A propósito, esse autor cita uma passagem da *Autobiografia* de Moreno, em que ele diz: "Eu tinha a idéia fixa de que um único indivíduo não possuía autoridade, de que devia tornar-se a voz de um grupo [...], o novo mundo deve sair de um grupo"[58].

---

55 J. L. Moreno, *Fundamentos de la sociometría*, 1972, p. 12. Traduções da autora.
56 Idem, *Psicoterapia de grupo e psicodrama*, 1974, p. 46.
57 R. F. Marineau, *Jacob Levy Moreno — 1889-1974: pai do psicodrama, da sociometria e da psicoterapia de grupo*.
58 Ibidem, p. 47.

Marineau considera "um prelúdio ao desenvolvimento da sociometria" as reflexões realizadas por Moreno, quando, ainda estudante de medicina, trabalhou em dois campos de refugiados, durante a guerra de 1914 a 1918. Ele fez

> [...] observações concernentes a cada barraca (de refugiados) individualmente, às interações entre as barracas, às fábricas locais criadas dentro do campo, aos processos de associação das pessoas em grupos religiosos e políticos.[59]

Esse autor considera que tais experiências seriam a base para o trabalho que ele começou no princípio de 1930, nos Estados Unidos, e que desembocou na sociometria.

Nessa visão, dois grupos nunca são iguais, pois cada um tem uma estrutura peculiar de coesão e profundidade. Considera que, já desde o primeiro encontro, o grupo estabelece uma estrutura definida, que se desenvolve no decorrer dos outros encontros e que depende não só das estruturas psíquicas de seus diferentes membros, mas dos *critérios* que levam as pessoas a se reunir em torno de objetivos comuns. Assim, critérios diferentes levam a agrupamentos distintos dos mesmos indivíduos, ou seja, se o motivo da reunião é lazer, as pessoas se escolhem de uma determinada forma, se é trabalho, de outra. Na realização do teste sociométrico, essa questão fica bastante evidente, pois todos os participantes, de acordo com um critério previamente estabelecido, classificam como positivo, negativo ou indiferente cada um de seus colegas de grupo.

Nessa perspectiva, as características comuns dos grupos são: a interação entre seus membros, a existência de inte-

---
59 R. F. Marineau, *op. cit.*, p. 55-56.

resses e atividades comuns, um mínimo de coesão interna e a diferença de *status* entre os membros.

Mesmo se referindo especificamente ao nível psicoterapêutico, muitas das colocações morenianas são aplicáveis aos grupos em geral. Ele considera que a principal preocupação do diretor psicodramático é o "comportamento imediato do grupo"[60]. Com essa afirmação, evidencia, ainda que de forma não explícita, uma compreensão do grupo como movimento. Posteriormente, na construção do teste sociométrico, vai ampliar esse aspecto, mostrando que seu resultado – o sociograma – funciona como uma radiografia do grupo em dado momento.

Em sua concepção, o grupo não constitui um somatório de pessoas, pois entre elas existem agrupamentos parciais e relações afetivas. Em suas palavras:

> Quando o terapeuta enfrenta o seu grupo para realizar a primeira sessão, percebe imediatamente, com o seu apurado sentido de relações interpessoais, algumas das interações entre os membros, como a distribuição de amor, ódio e indiferença. Não se trata apenas de uma coleção de indivíduos. Ele observa que um ou dois membros sentam-se isolados, fisicamente distantes dos demais; que dois ou três se agrupam, sorrindo e cochichando entre eles; que um par deles discute ou estão sentados ao lado um do outro, numa atitude de frieza.[61]

Evidencia também que "começam a ganhar forma na mente do terapeuta, os primeiros contornos de um sociograma". Acrescenta, outrossim, que não é necessário um teste formal para obter esse conhecimento.

---

60 J. L. Moreno, *Pisicoterapia de grupo e psicodrama*, op. cit., p. 46.
61 *Ibidem*, p. 46.

Basta anotar a existência dessa "matriz embrionária", a qual se revela através de sua observação imediata. Converte-se em seu guia empático para o processo terapêutico em formação.[62]

Embora reconheça que indivíduos e grupos estão englobados em uma rede de ramificações múltiplas, criando conceitos como átomo social e rede sociométrica[63], Moreno preocupou-se mais em descrever sua constituição interna, relacionando-a a aspectos psicopatológicos. Diz, por exemplo, que nos grupos, os indivíduos emocionalmente perturbados são mais freqüentemente rejeitados ou que nos grupos normais há um número relativamente grande de pares, o que o leva a pensar que a formação de pares é ligada a uma boa adaptação emocional e a um tipo de personalidade harmônica dos membros do grupo.

Moreno também manifestou claramente a pretensão de mudar a sociedade por meio do trabalho sociométrico com pequenos grupos. Os sociólogos, entretanto, denunciam o equívoco dessas idéias, evidenciando a necessidade prévia da mudança do conjunto da sociedade.

É importante salientar que nenhuma dessas possibilidades, incluindo o psicodrama, ressalvadas talvez as idéias de Pichón-Rivière, desenvolveu, de fato, uma perspectiva dialética. Em sua maioria, no mínimo, não consideram as determinações socioculturais, constituindo-se em perspectivas acríticas e a-históricas, com maior ou menor grau de subjetivismo, reducionismo e determinismo.

---

62 J. L. Moreno, *Pisicoterapia de grupo e psicodrama*, op. cit., p. 46.
63 Redes sociométricas são as cadeias complexas de inter-relações formadas pelas relações entre certas partes dos átomos sociais dos indivíduos com outros átomos sociais.

A tais concepções, subjaz a idéia de que as mudanças sociais se dariam por transformações na consciência dos indivíduos, ou seja, para modificar a sociedade, bastaria modificar seus componentes individualmente. É importante esclarecer que, com esta crítica, não se pretende diminuir a importância do trabalho com grupos nas transformações sociais, uma vez que elas evidentemente passam pela subjetividade e pela participação dos indivíduos.

O que se deseja é salientar que muitas considerações equivocadas têm levado à proliferação de trabalhos com grupos, que acabam por *supervalorizar e fetichizar o contexto grupal*. Marilena Chaui, em um primoroso artigo[64], problematiza o valor que se tem dado à dinâmica de grupo aplicada à educação, apontando dois de seus efeitos: "O primeiro deles concerne ao fato de que tal dinâmica *tende a gerar uma nova forma e mais sutil de dependência recíproca*" entre os participantes.

O outro efeito é "[...] tornar os membros do grupo incapazes de enfrentar e resolver conflitos reais toda vez que o 'modelo do grupo' não puder ser aplicado, ou, então, torná-los apáticos e indiferentes a tudo quanto ocorra 'fora' do grupo"[65]. Ou seja, em vez de a experiência grupal ser ampliada, perde-se na dicotomia entre o "dentro" e o "fora".

Muitas abordagens sobre grupos, inclusive a moreniana, adotam uma perspectiva de *simetria entre coordenador e grupo*, de modo que, em nome da liberdade ou da responsabilidade pessoal, se nega (ou mascara) a existência de uma autoridade exteriorizada. Segundo Chaui, numa sociedade dividida em classes, o que de fato ocorre é uma interioriza-

---

64 M. Chaui, "Ideologia e educação", 1980, p. 24-40.
65 *Ibidem*, p. 33-34.

ção das regras e das relações com a autoridade, que leva a um aparente apagamento da exterioridade delas. Acontece, porém, que abolindo a autoridade visível do coordenador, "[...] a dinâmica recria no interior do próprio grupo autoridades invisíveis porque as relações têm a aparência de serem paritárias, quando não o são"[66], pois há líderes e liderados. A autora vai além, evidenciando que se cria toda uma "parafernália psicologizante" para explicar o grupo como algo natural e inevitável, sem questionar seu caráter reprodutivo dos aspectos macroestruturais da sociedade. Assim, a diferença entre dirigentes e dirigidos fica mascarada sob "a ilusão da vida em grupo".

Com tais considerações, Chaui não pretende invalidar o trabalho grupal, mas apenas explicitar que "[...] sua riqueza advém exatamente do fato de ser um trabalho [...]", no sentido de que as relações entre os membros do grupo estão sempre mediadas por uma tarefa comum, que é o elemento que une e diferencia esses membros.

Afinal, o que é um grupo?

Buscando contribuir para responder à difícil questão de "o que é um grupo?" não pretendi esgotar a produção das inúmeras abordagens existentes. Detive-me em alguns autores, sem aprofundar muito seus conceitos. Mencionei especialmente aqueles que foram significativos em minhas indagações, que apontaram aspectos relevantes em minha caminhada para melhor compreender e coordenar grupos.

Como foi dito anteriormente, Moreno sofreu forte influência do pensamento funcionalista norte-americano, que o levou a considerações de caráter reducionista (átomo

---

[66] M. Chaui, "Ideologia e educação", *op. cit.*, p. 33.

social, redes sociométricas etc.). Acabou perdendo o sentido mais amplo da *história*, que ficou reduzida à história individual e familiar dos sujeitos, desconsiderando que elas se encontram inseridas no contexto mais amplo das determinações econômicas, sociais e políticas. Em contrapartida, permite uma aproximação da visão sócio-histórica, à medida que entende o homem como constituído de acordo com as relações e vínculos que estabelece.

Ante tais considerações, em relação ao psicodrama, há de levar em conta seus limites e alcances, tentando compreendê-lo com base na sua própria contextualização no tempo e espaço. Como sua eficácia no trabalho com grupos é inegável, dediquei-me, neste texto, a tentar uma releitura da obra moreniana à luz de outro referencial teórico – a perspectiva histórico-cultural.

Pretendi evidenciar a importância, ao trabalhar com grupos, de não perder de vista sua relação com as várias configurações sociais e com o contexto sócio-histórico, ou seja, de que é imprescindível a compreensão do sistema social de que o grupo e seus participantes derivam e em que eles se inserem.

Utilizar o referencial histórico-cultural obrigou-me a rever alguns conceitos do psicodrama, minha matriz básica de formação e compreensão dos grupos. Este texto não busca preencher lacunas ou superar ambigüidades e equívocos dessa abordagem, mas tenta, por outra ótica, enfrentar o enorme desafio epistemológico que é conhecer os processos grupais.

Ao tentar compreendê-los, o que é possível fazer de forma humilde e precária, recorto artificialmente alguns momentos – como se fosse uma cena de filme a ser analisada. Dessa forma, qualquer assinalamento ou interpretação altera os rumos do processo grupal. Consiste numa análise do que já passou, mas não pode prever o que virá a acontecer, pois o que é comentado terá conseqüências em todo o movimento subseqüente do grupo, modificando suas etapas posteriores. É o que costumo denominar de "caráter caleidoscópico" dos grupos, pois qualquer movimento implica a mudança da configuração existente.

A análise foi adjetivada como precária porque é impossível apreender toda a riqueza das relações existentes num contexto grupal, em que aspectos individuais e coletivos se imbricam por meio de comunicações verbais e pré-verbais (postura, gestos etc.), já que se conta apenas com a observação externa do ocorrido.

A esse respeito, é importante esclarecer que a abordagem sociopsicodramática conta com um precioso recurso – a *dramatização*, que se constitui numa forma de *objetivar a subjetividade*, à medida que permite sair do nível meramente discursivo e verbal, explorando aspectos corporais e expressivos, pois coloca os sujeitos em ação.

Para ilustrar essas dificuldades, acho interessante trazer a referência feita pelo psicodramatista Sérgio Perazzo[67], de seu colega Zacaria B. A. Ramadan, que, procurando fazer a demonstração matemática da transferência, formulou a equação do relacionamento e da discórdia. Ele mostra que a comunicação entre dois indivíduos é função, pelo menos, dos seguintes fatores:

> a) o que ele pensa que é; b) o que ele pensa que o outro é; c) o que ele pensa que o outro pensa sobre ele; d) o que ele deseja ser (ou ter); e) o que ele deseja que os outros sejam (ou lhe dêem); f) o que ele deseja que os outros desejem dele.

---

67 S. Perazzo, *Ainda e sempre psicodrama*, p. 43.

Dando uma valorização positiva ou negativa a cada um desses fatores, aos quais todo sujeito estaria submetido, e intercruzando apenas as "duas variáveis (positivas e negativas) para os seis fatores mencionados, o resultado será 2 à sexta potência – 64 possibilidades para cada indivíduo". Para dois indivíduos com as variáveis positiva e negativa, chega-se ao resultado de 2 à décima potência, ou seja, são 4.096 "[...] possibilidades de estes dois indivíduos se relacionarem, a grande maioria delas com pelo menos algum choque entre os fatores considerados para um e para outro".

Essa conjectura de Ramadan evidencia as inúmeras possibilidades de um relacionamento entre duas pessoas. É possível vislumbrar, de acordo com ela, as infinitas alternativas que podem ocorrer dentro de um grupo de vários participantes, e as dificuldades que o coordenador enfrenta. É isso que Asch quer dizer, quando declara que "conhecer grupo" é um desafio que acaba com qualquer onipotência.

Até onde me foi possível chegar, um grupo é constituído por um conjunto relativamente pequeno de pessoas, que mantêm contatos face a face, ligadas por algum(ns) objetivo(s) comum(ns) que as leva(m) a interagir e estabelecer relações de reciprocidade. Os grupos também se caracterizam por um *movimento contínuo*, um equilíbrio instável e temporário, cujo conhecimento é extremamente difícil, por ser impossível apreender toda a riqueza existente no entrecruzamento dos aspectos subjetivos e do conjunto dos participantes em permanente processo de reciprocidade.

Além disso, os grupos são *mediadores* entre a *particularidade*, a singularidade dos sujeitos, e a *totalidade social* (genericidade, nível humano-genérico, abstrato ou universal), pois realizam a mediação entre os indivíduos e a formação social de que participam. Neles, cada indivíduo é representante de si mesmo e da história da sociedade em que vive. É nesse sentido que texto, subtexto e contexto se entrecruzam e se imbricam permanentemente, uma vez que se compreendam os sujeitos como constituídos nas e pelas relações sociais que estabeleceram e que continuam estabelecendo.

□

2 O papel do coordenador de grupos[68]

■

Refletir sobre o papel dos coordenadores de grupo tem sido uma preocupação constante, dentro das várias abordagens que se ocupam do tema. É importante, porém, esclarecer que tal papel se encontra atrelado à própria concepção de grupo dos profissionais que o exercem, ou seja, a qualquer caminho metodológico utilizado na investigação dos processos grupais, subjaz uma concepção de mundo e de homem nem sempre explicitada.

A perspectiva adotada neste trabalho entende os homens como seres construídos social e historicamente por meio das relações sociais que estabelecem. A pergunta sobre a qual versa o presente capítulo é: que papel tem, nos grupos, o coordenador? Ou: os grupos realmente necessitam de coordenadores? Parece que sim, pois mesmo os agrupamentos espontâneos, em que não há coordenadores oficiais, atribuem, ainda que provisoriamente, o papel de liderança a determinados participantes.

Vale relembrar e retomar que os primeiros esforços para compreender cientificamente o fenômeno da liderança apa-

---

68 Este capítulo foi publicado, de forma um pouco modificada, pela *Revista Psicologia USP*, 2001, v. 12, n. 1, p.133-152.

recem nas famosas experimentações empreendidas por Kurt Lewin e seus colaboradores. Lippitt e White[69] realizaram um conhecido estudo experimental sobre o efeito do "clima social" no comportamento e rendimento de quatro grupos de meninos com 10 anos de idade, em uma escola. Seu objetivo era investigar a influência da "atmosfera social" constituída por três diferentes tipos de liderança — autoritária, *laissez-faire* e democrática. Os autores definem operacionalmente esses termos, sublinhando que não correspondem às conotações usadas nas discussões econômicas e políticas.

A pesquisa foi levada a efeito com uma *metodologia experimental*, havendo preocupação com a confiabilidade, no controle de variáveis como diferenças de personalidade dos líderes, tipo de atividade desenvolvida, espaço de trabalho etc. Na formação dos grupos, utilizou-se a técnica sociométrica de Moreno, com o objetivo de detectar as relações interpessoais das crianças em sala de aula quanto a rejeições, amizades e liderança.

Sem entrar em maiores detalhes quanto à metodologia de observação e registro dos grupos, no artigo citado verifica-se que os autores constataram, no caso da liderança autoritária, duas formas de reação grupal, a saber, uma agressiva, irritada e autocentrada, e a outra submissa, altamente dependente, apresentando comportamentos socialmente apáticos.

O grupo democrático apresentou alto nível de coesão espontânea, isto é, não induzida pelo líder. Quanto ao tempo dedicado ao trabalho, verificaram ser bem mais alto no grupo autocrático/submisso (74%, quando na pre-

---

69 R. Lippitt; R. K. White, "The 'social climate' of children groups", p. 485-508.

sença do líder) que no grupo democrático (50%). O clima *laissez-faire,* além de apresentar um círculo vicioso de frustração-agressão-frustração, provocava insatisfação, decorrente da confusão e incerteza criadas pela atitude passiva do líder.

Quanto aos objetivos a serem atingidos, descreve-se que o líder democrático levava em conta os interesses das crianças, encorajando a livre discussão (14% do tempo gasto, em comparação com 0,2% no grupo autocrático e 10% no *laissez-faire*). Isso fez que, no clima autoritário, se produzissem mais comportamentos competitivos centrados no "eu", enquanto no democrático predominou o sentido do "nós". Concluiu-se que, no clima democrático, se obtém um rendimento mais lento, porém mais consistente e duradouro, inclusive na ausência do líder.

Com base nos estudos de Lewin e colaboradores, realizaram-se pesquisas experimentais, a partir da década de 1940, evidenciando como o tipo de coordenação influencia o estabelecimento do clima grupal, que, por sua vez, afeta o alcance dos objetivos e o rendimento.

Pontalis denuncia que os estudos sobre grupos têm mostrado, ao lado de riqueza técnica, uma enorme pobreza conceitual. Oscilam geralmente entre um *sociotecnicismo*, preocupado com questões de ordem técnica (relativas ao clima grupal, características da liderança etc.), a qual subjaz uma perspectiva adaptativa e um *biologismo*, que atribui ao grupo as características de um organismo (que nasce, cresce, amadurece etc.), de uma entidade supra-individual.

Segundo esse autor, cada vez se fala mais em *técnicas* e *formação em grupos*. Há, inclusive, inúmeros jogos por muito tempo reservados a alguns "iniciados", a tal ponto que é possível desconfiar que sua única finalidade seja iniciar os coordenadores de grupo na "arte da manipulação psicológica"[70].

Essa discussão toda vem a propósito do caráter ideológico[71] que o papel do coordenador pode assumir, passando freqüentemente a ser visto como *um modelo de estabilidade, calma, consistência, força do ego e objetividade*, representando "[...] o futuro e a norma dos membros do grupo".

Pontalis exemplifica essa postura, citando dois pensadores americanos. Um deles é D. W. Baruch, que elabora um receituário para o coordenador favorecer o processo grupal, em que sugere que ele deve: "mostrar a simpatia pelas palavras e expressões do rosto, utilizar os prenomes, [...] ajudar o grupo a encontrar um problema comum, [...] impedir a dispersão etc." O outro é C. Beukenkamp, que descreve o papel do terapeuta por algumas características, como:

> [...] dá ao grupo o sentimento de ser seu pai protetor, [...] atinge a integração do grupo recorrendo a analogias que permitem relacionar as sessões entre si, [...] tem em mente um plano estrutural de crescimento do grupo, [...] adota uma atitude sempre flexível e tolerante: acolhendo necessidades irreais e sentimentos hostis dos pacientes de maneira a confrontá-los com sua própria imaturidade [...][72]

Outro tipo de reflexão volta-se para a investigação das *características de personalidade dos líderes*, numa clara perspec-

---

70 J. B. Pontalis, *Après Freud*, p. 255.
71 O termo ideologia está sendo usado, neste texto, como um conjunto de idéias, normas de ação etc., produzido social e historicamente por determinada classe, que visa ocultar, deformar e modificar a apreensão objetiva e crítica da realidade.
72 J. B. Pontalis, *op. cit.*, p. 251-252. Traduções da autora.

tiva subjetivista, uma vez que procura localizar nas pessoas os atributos que facilitam o desempenho desse papel.

Em artigo recente, David Zimerman dá destaque especial à pessoa do coordenador de grupo, chegando a declarar que "o modelo das lideranças é o maior responsável pelos valores e características de um grupo, seja ele de que tipo for"[73].

Numa perspectiva psicanalítica, considera que qualquer coordenador de grupo sempre tem um importante papel de "figura transferencial". Embora se declare longe de pretender que o coordenador apresente uma condição de "super-homem", acaba por fazê-lo, quando passa a elencar e discutir aspectos que considera *atributos desejáveis para o bom desempenho desse papel*, que resumidamente seriam:

1 *Acreditar em grupos e gostar deles*, pois o grupo capta o que o coordenador pensa ou sente.
2 *Amor às verdades*, base da confiança, da criatividade e da liberdade.
3 *Coerência*, pois incongruências sistemáticas abalam a confiança do grupo no coordenador.
4 *Senso de ética*, que significa não apenas a questão do sigilo mas também a não-imposição de seus valores e expectativas ao grupo.
5 *Respeito* pelas características dos participantes, procurando não utilizar rótulos ou papéis que usualmente lhes são atribuídos.
6 *Paciência*, que não significa passividade ou resignação, mas uma "atitude ativa", que ofereça aos participantes o tempo necessário para adquirirem confiança e respeite seus ritmos.

---

73 D. E. Zimerman, "Atributos desejáveis para um coordenador de grupo", p. 47.

7 *Continente*, no sentido de ter capacidade de acolher e conter as necessidades e angústias dos membros do grupo.

8 *Capacidade negativa*, que diz respeito à condição de conter suas próprias angústias.

9 *Função de ego-auxiliar*, que é semelhante à capacidade da mãe de exercer as funções de ego (perceber, conhecer, discriminar, juízo crítico etc.), que ainda não estão suficientemente desenvolvidas no filho.[74]

10 *Função de pensar*, que consiste em perceber se os participantes são capazes de pensar as idéias, sentimentos e posições que são verbalizadas. Diferencia "pensar" de simplesmente "descarregar".

11 *Discriminação*, que é entendida pelo autor como a capacidade "[...] de estabelecer uma diferenciação entre o que pertence a si próprio e o que é do outro, fantasia e realidade, interno e externo, presente e passado, o desejável e o possível, o claro e o ambíguo, verdade e mentira, etc." Evidencia que nos grupos esse atributo é relevante "[...] em razão de um possível jogo de intensas identificações projetivas cruzadas em todas as direções do campo grupal, o qual exige uma discriminação de 'quem é quem', sob o risco de o grupo cair em uma confusão de papéis e de responsabilidades"[75].

12 *Comunicação* verbal e principalmente não-verbal, que assume formas sutis. Aponta, como aspecto importante da comunicação nos grupos, as atividades interpretativas.

---

74 É importante esclarecer que o conceito de ego-auxiliar, para esse autor, é diferente do usado na abordagem psicodramática, em que constitui um papel. Para o diretor, é aquela parte da equipe de coordenação que investiga, a partir de dentro, as vivências dos participantes, co-atuando com eles. Para os membros do grupo, tem a função de desempenhar papéis que facilitem sua ação, expressão e compreensão do que está sendo trabalhado.

75 D. E. Zimerman, *op. cit.*, p. 45.

13 *Traços caracterológicos*. O autor considera importante o coordenador conhecer bem a si próprio, seus valores, idiossincrasias e caracterologia predominante. Destaca especificamente traços de natureza narcisista, bem como o discurso interpretativo dogmático, que "[...] pode estar mais a serviço de uma fetichização, isto é, da manutenção do ilusório, de seduzir e dominar, do que propriamente a uma comunicação, a uma resposta, ou a abertura para reflexões"[76].

14 *Modelo de identificação*. Todos os grupos exercem uma função psicoterapêutica, dado o modelo constituído pela figura do coordenador.

15 *Empatia*, que diz respeito ao atributo de se colocar no lugar de cada um do grupo e entrar no clima grupal. Está ligada a sua capacidade de fazer um aproveitamento útil de seus sentimentos contratransferenciais.

16 *Síntese e integração*. Refere-se à habilidade que o coordenador deve ter, de "extrair um denominador comum dentre as inúmeras comunicações provindas das pessoas do grupo"[77]. Não se trata, portanto, de fazer resumos nem de apenas *juntar* ou ligar de outro modo os mesmos elementos, mas de *sintetizar*. Ressalta essa capacidade como fundamental, particularmente na integração dos opostos.

Analisando essa lista de atributos que Zimerman considera desejáveis ao coordenador de grupo, é possível constatar:

1 aspectos ligados a *valores*, como "amor às verdades", "ética", "respeito pelo outro";

---

76   D. E. Zimerman, *op. cit.*, p. 46.
77   *Ibidem*, p. 46.

2 características relativas ao que poderia ser chamado de *equilíbrio emocional*, como "coerência", "paciência", "continência", "empatia", "capacidade negativa", "traços caracterológicos";
3 funções ligadas a *aspectos cognitivos*, como "pensar", "discriminar", capacidade de "síntese e integração";
4 condições para exercer o "papel de ego-auxiliar" e de "comunicação" (verbal e pré-verbal), além da capacidade de *interpretação*;
5 ênfase no *caráter terapêutico* que os grupos podem ter e no *papel educativo do coordenador*, que funciona como importante figura transferencial e "modelo de identificação".

Embora aponte aspectos efetivamente importantes que seriam da competência do coordenador de grupo, Zimerman não aprofunda a discussão em termos teóricos, o que faz que suas recomendações permaneçam no nível do "dever ser", sem chegar a uma análise mais consistente e profunda desse difícil papel. Assim, suas considerações se aproximam, de forma mais elaborada, das pesquisas sobre as *características de personalidade dos líderes*.

Outros autores, especialmente os de linha *rogeriana* e *gestáltica*, mencionam com freqüência o papel do coordenador como de um *facilitador*. Macêdo, por exemplo, em artigo recente, afirma que "o facilitador age como um catalisador e intermediário do processo de reconhecimento da realidade por parte do grupo". E recomenda:

> Para isso, ele deve fluir com o grupo, não se impondo à realidade, para não comprometer *o livre curso das coisas: as coisas devem se auto-revelar naturalmente*[78], e o facilitador conduz o grupo como um maestro

---

78 Grifos da autora.

conduz uma orquestra – com cientificidade, tecnicidade, espontaneidade, sensibilidade, poder de entrega e capacidade para criar".[79]

Apesar de declarar, respaldada em outro autor, que o grupo "[...] é uma produção do contexto sócio-histórico, contexto que o 'constitui' e que o atravessa de ponta a ponta"[80], suas afirmações posteriores negam essa perspectiva, remetendo a uma visão claramente idealista. Isso pode ser constatado na seguinte afirmação: "[...] as funções do facilitador são secundárias diante dos desdobramentos espontâneos da criação individual e coletiva dos participantes do grupo"[81].

A *marca idealista* de tais afirmações transparece no próprio termo utilizado – *facilitador*, que traz implícita a idéia de que os grupos já detêm em si tais capacidades ou características, que precisam apenas ser reveladas ou desveladas. Essa perspectiva se contrapõe à concepção dos sujeitos e dos grupos como constituídos *nas* e *pelas* relações sociais estabelecidas.

Se este não é o caminho, como proceder para aprofundar o conhecimento sobre o papel dos coordenadores de grupo, que detêm inevitavelmente uma função de liderança? No caso dos *grupos espontâneos*, que circunstâncias levam determinadas pessoas a se colocar como tal? Parece que se fazem líderes aqueles indivíduos que, em um momento determinado, se mostram capazes de "ver o possível com olhos comuns", isto é, se fazem *intérpretes* dos desejos e intenções de todos, conseguindo ver tanto os integrantes em sua particularidade, como o movimento do próprio coletivo.

---

79 S. M. Macêdo, "Grupo e instituição: relações de poder na dialética de um processo grupal de aprendizagem", p. 48.
80 *Ibidem*, p. 46.
81 *Ibidem*, p. 49.

Tal liderança é circunstancial e temporária, pois facilmente se desmonta diante da emergência de um outro intérprete mais eficaz. Isso significa a inexistência de comando ou de dirigentes, característica dos grupos institucionalizados. Somente quando se constitui o "grupo com tarefa" e se impõe a necessidade de uma organização para realizá-la é que ocorre a distribuição e diferenciação de papéis. É nesse momento que os atos individuais adquirem sentido no conjunto, pois cada função supõe a organização de todas as outras, e se faz necessária a presença de uma liderança que, de modo mais efetivo, seja capaz de organizar as ações em função da realização dos objetivos propostos.

No caso dos grupos não espontâneos, a liderança, em geral, é imposta ou estabelecida a partir de fora, pela figura de um coordenador ou de uma equipe de coordenação. Um dos maiores riscos desse tipo de liderança é a adoção de *posturas autoritárias*, respaldadas na situação de poder que lhe foi outorgada. É o caso dos grupos involuntários, institucionalizados ou mesmo de alguns voluntários, por exemplo, os cursos de formação.

Na abordagem sociopsicodramática, a coordenação se caracteriza como *essencialmente diretiva*, ou seja, afasta-se de uma perspectiva centrada no cliente, do tipo rogeriana ou de uma condução *laissez-faire*, em que o grupo fica entregue a seu próprio movimento.

A proposta moreniana, embora diretiva, é de *simetria entre coordenador e participantes*. Ao afirmar que "a sociometria é a sociologia do povo, pelo povo e para o povo"[82] (*regra da participação universal na ação*), Moreno não pretendeu fazer um discurso demagógico, mas esboçar uma proposta de *não-verticalidade* na relação entre líder e liderados.

---

82 J. L. Moreno, *Fundamentos de la sociometría*, op. cit., p. 66. Traduções da autora.

Aliás, do ponto de vista *epistemológico*, ele recomenda: como não se está tratando com organismos, mas com atores, deve-se "seguir o processo de dentro (interior) para fora". Para tanto, é preciso observar os participantes *in situ*, ou seja, em sua situação vivencial; faz-se necessário "atuar com eles", "participar da ação comum", tornando-se um co-ator. Nesse sentido, indica um tipo de *investigação participante*.

O próprio Moreno, no entanto, aponta as dificuldades que essa postura implica, ao afirmar: "formando parte do grupo, ele (o coordenador) se priva do papel de investigador, que consiste em manter-se fora do jogo para sugerir, criar e dirigir a experiência". Ou seja, perde a distância que permite maior objetividade, pois: "Não se pode, ao mesmo tempo, ser um participante autêntico e um '*agente secreto*' do método científico"[83].

Uma das soluções que ele encontra para escapar desse "beco sem saída" consiste "em atribuir a cada membro do grupo a *condição de investigador*", ou seja, fazer deles experimentadores. A essa perspectiva subjaz uma valorização do saber do grupo, coerente com sua visão otimista do homem como espontâneo-criador, capaz de se fazer sujeito da própria história.

Moreno tece considerações a respeito dos problemas desse duplo papel – de participante e de investigador –, ponderando que o coordenador se acostuma com ele, "se adapta cada vez melhor, posto que o pratica com cada membro do grupo"[84].

Para tanto, faz-se necessário manter-se permanentemente sensível ao que está ocorrendo e em contato com seus próprios sentimentos. Procurando manter um contato vi-

---

83   *Ibidem*, p. 67.
84   *Ibidem*.

sual com todos os membros, estimula a coesão e o movimento grupal e acaba por desenvolver um tipo de atenção ou olhar flutuante"[85]. Além disso, o coordenador permanece constantemente atento ao sentido latente das verbalizações, aos comentários verbais e não-verbais, às posturas corporais dos participantes, à sua distribuição espacial na sala, a seus movimentos etc.

Uma solução bastante interessante, criada por Moreno no contexto psicoterapêutico, foi a cisão ou *fragmentação do papel de coordenador*, sendo a equipe composta por um *diretor (coordenador)*, que mantém o necessário distanciamento para investigar com mais objetividade, e um ou mais *egos-auxiliares,* que fazem a parte do diretor que entra na ação, transformando-se em co-atores, que procuram colher *in situ* a experiência vivida pelo grupo.

É importante esclarecer, no entanto, que tal consideração teórica não implica considerar o ego-auxiliar como alguém *comandado pelo diretor*, que siga ordens e atue conforme suas instruções. Na prática, deve ser um profissional tão treinado e capacitado como o próprio diretor, já que constitui um *diretor-em-ação,* ou seja, a parte do diretor que entra na ação. Seu papel não é, portanto, de um observador passivo ou neutro; ele é, de fato, *ego-auxiliar do protagonista*, é ator, coordenador (terapeuta) em ação, que desempenha os papéis espontaneamente, de acordo com sua sensibilidade, e não um mero executor de ordens da direção.

Na prática, o ego-auxiliar desenvolve, com o diretor, uma *unidade funcional* articulada que, evidentemente, só é construída de forma gradativa, pela prática e pelo trabalho

---

85 Esse olhar flutuante, que pode abranger até 180° se for treinado por meio de exercícios específicos, consiste na capacidade de focar a atenção em uma pessoa específica, sem perder de vista o restante do grupo.

conjunto. Com o desenvolvimento dessa unidade, o ego-auxiliar capta o projeto e os objetivos do trabalho e atua favorecendo, de acordo com os papéis que assume (na ação, por meio de uma personagem ou verbalmente), a investigação das hipóteses levantadas pela equipe coordenadora, preferencialmente sem comunicação explícita.

Nos casos em que o coordenador não conta com a colaboração de egos-auxiliares treinados, essa função se distribui entre um ou mais membros do grupo, que, de forma espontânea, assumem atitudes, comportamentos e os contrapapéis necessários ao desenvolvimento do trabalho.

Quanto à *situação de poder do coordenador*, Moreno chega a declarar que este "não deve exercer seu prestígio de experimentador mais que qualquer outro membro do grupo"[86]. Diante disso, a postura autoritária do líder ocorrerá somente se a compreensão da proposta moreniana for inadequada, pois a direção adquire sentido apenas em consonância com o movimento grupal. Em outras palavras, o *líder dirige guiado pela direção do próprio grupo*, ou seja, *o verdadeiro líder é, de fato, o grupo*.

Em outro ponto, Moreno retoma a perspectiva de *horizontalidade* que pretende dar à relação coordenador–grupo, quando forja o conceito de *protagonista*. Literalmente, esse termo significa "aquele que agoniza primeiro" – mais que um "porta-voz", que pode representar apenas parte do movimento grupal, o protagonista é um representante legítimo do grupo, uma vez que *encarna, em sua particularidade*, no aqui e agora da cena, *o drama coletivo*. É por essa razão que se costuma dizer que o psicodrama constitui, no nível clínico, uma psicoterapia *do* grupo e não *em* grupo, pois esta pressupõe uma terapia individual feita em grupo.

---

86 J. L. Moreno, *Fundamentos de la sociometría*, op. cit., p. 67.

Convém, entretanto, deixar claro que as afirmações de Moreno a respeito da simetria entre a equipe coordenadora e o grupo são *perigosas,* à medida que podem contribuir para negar ou disfarçar a questão do poder, que sempre existe nessa relação e que, permanecendo latente e maquiada, não é passível de questionamento ou denúncia. Dito de outra forma, a referida simetria pode estar dissimulando a existência da autoridade, criando a falsa aparência de se tratar de relações paritárias.

Para não incorrer nas armadilhas do poder oculto, faz-se necessário esclarecer melhor o papel do coordenador e da sua equipe. Eles constituem *interlocutores qualificados*, à medida que dispõem de conhecimentos específicos, que lhes permitem funcionar como desafiadores do grupo, em direção ao crescimento e superação de seus impasses e dificuldades.

Nesse aspecto, é possível fazer uma relação com L. S. Vygotski, que, ao refletir sobre o desenvolvimento infantil, evidencia que cabe aos adultos, como parceiros mais experientes, estimular a caminhada entre o que ele chama "desenvolvimento real", já atingido, e a "zona de desenvolvimento proximal" (ZDP), que constitui um nível mais avançado.

Segundo Andréa Zanella, a zona de desenvolvimento proximal é "[...] campo interpsicológico, constituído nas e pelas interações sociais em que os sujeitos se encontram envolvidos com problemas ou situações que remetam à confrontação de pontos de vista diferenciados"[87]. Trata-se de "[...] um espaço social de trocas múltiplas e de diferentes naturezas: afetivas, cognitivas, sociais etc."[88]

---

87 A. V. Zanella, "Zona de desenvolvimento proximal: análise teórica de um conceito em algumas situações variadas", p. 108.
88 *Ibidem*, p. 109.

Ao recusar o mito da homogeneidade dos grupos, a abordagem sociopsicodramática se enriquece, por valorizar as diferenças entre as pessoas, evidenciando o potencial de aprendizagem e desenvolvimento representado pelas trocas de experiências entre os participantes. Nesse sentido, de novo é possível dizer que se aproxima da visão de Vygostki, que atribui importância pedagógica ao contato entre pares.

Faz-se necessário ressaltar que, no ponto de partida, o que existe de fato é *assimetria*, ou seja, coordenador e grupo não são iguais, uma vez que detêm papéis complementares e contraditórios. Se os dois pólos dessa relação fossem iguais, ela não teria razões para existir e se extinguiria, ou seja, a igualdade e a simetria estão no *ponto de chegada* e não no *ponto de partida*. Saviani[89] enriquece essa discussão no âmbito da relação pedagógica, e Marilena Chaui[90] esclarece que o *diálogo* só é possível entre iguais, pois a superação da referida contradição é o fim da própria relação. Assim, é possível dizer que o sucesso dela é sua extinção.

As considerações tecidas por Chaui nesse texto sobre as relações entre educação e ideologia podem servir de base para esclarecer aspectos relativos à figura do coordenador, no caso mencionado por ela, o professor. Em suas palavras:

> Ao professor não cabe dizer "faça como eu", mas: "faça comigo". O professor de natação não pode ensinar o aluno a nadar na areia, fazendo-o imitar seus gestos, mas leva-o a lançar-se n'água em sua companhia para que aprenda a nadar lutando contra as ondas, fazendo seu corpo coexistir com o corpo ondulante que o acolhe e repele, revelan-

---

89 D. Saviani, *Pedagogia histórico-crítica: primeiras aproximações*, p. 83.
90 M. Chaui, "Ideologia e educação", *op. cit.*, p. 24-40.

do que o diálogo do aluno não se trava com seu professor de natação, mas com a água. O diálogo do aluno é com o pensamento, com a cultura corporificada nas obras e nas práticas sociais e transmitidas pela linguagem e pelos gestos do professor, *simples mediador*.[91]

A meu ver, é possível fazer uma analogia entre tais reflexões teóricas sobre a função do educador e a do coordenador de grupo, qual seja, a de *mediador* e não de *facilitador*, no sentido idealista acima referido. Evidentemente, não fica excluída a possibilidade de que o coordenador "facilite" a expressão e a explicitação de movimentos e sentimentos dos participantes. Um grupo sem coordenador gasta muito tempo superando resistências, e um líder forte encoraja a espontaneidade e a desinibição, à medida que oferece uma figura de autoridade que transmite segurança e respalda a ação.

Essa proposta vem modificar a compreensão do que é um grupo, pois significa que este é constituído *não somente pela tarefa, mas também pelo coordenador/mediador*, que, por não estar imerso na situação vivida, consegue ter uma visão de distância, que lhe permite captar aspectos mais amplos e profundos. Sua ação é pautada por um processo de análise que vem de uma leitura crítica da realidade. E a palavra "crítica" está sendo usada aqui no sentido de "ir até as raízes", ou seja, sua função é provocar reflexão, trazer dúvida, problematizar o que está "naturalizado" (tido como verdadeiro, eterno e imutável), denunciar as contradições, enfim, ajudar o grupo a pensar e encontrar suas respostas e construir o próprio crescimento.

---

91 *Ibidem*, p. 37. Grifos desta autora.

Essa perspectiva introduz uma nova compreensão sobre a coordenação de grupos, modifica o eixo da discussão, uma vez que não se trata de estabelecer os "atributos desejáveis para o bom desempenho" desse papel, mas de compreender as funções implícitas em seu exercício.

Chaui, dando seguimento à sua reflexão, aponta o enorme risco da situação do professor, que também é um coordenador, qual seja, o fato de que ele "[...] está sempre a um passo de tornar-se guru, de assenhorar-se do lugar do mestre e manter os alunos, para sempre, na condição de discípulos". Evidencia ser necessário ao professor um esforço cotidiano para que seu lugar permaneça vazio, de modo a que todos possam desejá-lo e ninguém possa "[...] preenchê-lo senão sob o risco de destruí-lo".

Após indagar de onde vem a sedução de tornar-se guru e o desejo dos alunos (participantes) de apelar à figura da autoridade do mestre, conclui que advém da *consciência contraditória* que é a "contradição interna entre uma consciência que sabe e uma consciência que nega seu saber"[92] e da ideologia, que "não está fora de nós como um poder perverso que falseia nossas boas intenções", mas está dentro de nós, "talvez porque tenhamos boas intenções"[93].

É preciso, também, estar atento ao fato de que os pequenos grupos podem dar a seus participantes *a ilusão da vida coletiva*, como se não houvesse outra realidade social além daquela. É bom reiterar que não existe observação ou investigação desinteressada, pois há sempre um lugar teórico subjacente a qualquer explicação do mundo, fato que o estudo dos grupos deve considerar seriamente. Por essa ra-

---

92 *Ibidem*, p. 37.
93 *Ibidem*, p. 40.

zão, é preciso sempre procurar explicitar o "saber" que orienta qualquer conhecimento construído sobre eles, pois a desconsideração desse aspecto pode levar a "abstrações psicologizantes", ou seja, ao risco de dissolver o social em mecanismos psicológicos subjetivos.

Ante o fato de que atualmente ocorre uma proliferação de trabalhos grupais, baseados em uma multiplicidade de modelos e técnicas das mais variadas tendências, é importante salientar que a técnica, tomada isoladamente e de forma descontextualizada, leva à banalização e ao tecnicismo. É preciso sempre procurar liberar os trabalhos com grupos de seu caráter ideológico, criando conceitos que coloquem o coordenador, não como um modelo a ser seguido ou imitado, mas como alguém capaz de elaborar teoricamente os fenômenos ocorridos e devolvê-los ao grupo, de forma a ampliar sua compreensão.

A proposta deste texto se encaminha nesse sentido, ou seja, de contribuir para o aprofundamento da reflexão sobre a coordenação dos grupos, na perspectiva de resgatar seus participantes como sujeitos históricos e, conseqüentemente, autores de sua própria história individual e coletiva.

Dada a função do coordenador, de *mediador* entre o nível do vivido e a leitura crítica da realidade, reafirma-se o *caráter constitutivo de sua liderança no processo dos grupos*. Isso, como foi dito acima, significa que o grupo se constitui, não somente por meio da tarefa que estabelece objetivos comuns, mas também por meio do coordenador.

Dentro da abordagem sociopsicodramática, especificamente, essa compreensão levou a atribuir cada vez mais importância à fase do trabalho denominada *processamento*, usualmente reservada aos grupos de caráter didático, em que ela tem o sentido de esclarecer aspectos técnicos da coordenação. O uso dessa etapa nas várias modalidades de grupos, deixando de lado tais aspectos, visa estimular uma compreensão no nível cognitivo, pela tomada de distância do vivido já devidamente explorado durante o *compartilhamento*[94].

Nos trabalhos que venho coordenando com professores, servidores públicos, alunos, mulheres grávidas em postos de saúde, educadores do MST etc., reservo sempre um tempo para o processamento. É nesse momento que o grupo, ao superar o nível emocional da vivência, consegue pensar criticamente sobre o que fez e sentiu, atingindo o nível da compreensão.

Dessa forma, a etapa do *processamento* adquire um novo significado, passando a ser um importante momento de reflexão, em que se cria a possibilidade de o grupo dar-se conta de seu próprio funcionamento e das relações estabelecidas entre os participantes, naquele momento e em outros contextos de sua vida.

□

---

94 A sessão psicodramática é composta de várias etapas, a saber: aquecimento (exercícios preparatórios da ação dramática), dramatização propriamente dita, compartilhamento ou *sharing*, que consiste na etapa em que os participantes do grupo compartilham as experiências e emoções vividas durante o trabalho realizado e o processamento.

3 O protagonista como categoria conceitual

∎

> Um corpo rompe a imobilidade e se faz ação e, de repente, um novo espaço se cria, o isolamento se desfaz, os corpos se encontram e se fazem presentes. Todos os olhares mergulham no vazio do palco para testemunhar a emergência e a explicitação de seus dramas através daquele que se faz porta-voz e protagonista. Daquele que empresta seu corpo para que o Drama se expresse, se expanda e se realize para consumir-se nas chamas de seu próprio fogo. Como a fênix que tinha que se queimar e se transformar em cinzas para poder renascer.[95]

Dos cinco instrumentos que compõem a sessão psicodramática – diretor, ego(s)-auxiliar(es), o protagonista, o auditório e o cenário – pretendo, neste capítulo, discutir especificamente o protagonista, atribuindo-lhe o caráter de *categoria conceitual*, isto é, considerando-o não apenas "o personagem principal da cena dramática", como faz a maioria dos autores, mas como um instrumento de leitura e compreensão dos processos grupais.

---

95 A. Naffah Neto, *Psicodramatizar*, 1980, p. 17.

Em minha experiência de alguns anos trabalhando em contextos não clínicos, conforme explicitei na introdução deste trabalho, uma das dificuldades que enfrentei dizia respeito ao caráter público das atividades. Essas, em geral realizadas no interior de instituições, eram permanentemente contaminadas por sua dinâmica.

Isso criava empecilhos para trabalhar com protagonistas em cena dramática, o que, aliás, nem sempre é possível em alguns contextos. A falta de privacidade característica daqueles grupos provoca, com freqüência, uma forte resistência, no sentido de não deixar emergir aspectos emocionais mais profundos, sob a alegação de que não se trata de situações protegidas, como as da psicoterapia. Diante disso, às vezes é difícil criar as condições necessárias à emergência do protagonista, tal como é entendido no contexto clínico.

O que pude constatar, entretanto, é que nem por isso deixam de aparecer, nesses grupos, sujeitos que, mesmo fora de uma cena dramática propriamente dita, se fazem protagonistas do drama grupal, por meio de seu drama individual.

Este é o caso, por exemplo, dos alunos considerados "rebeldes" ou "indisciplinados" em sala de aula, que se destacam por comportamentos desafiadores e de oposição à ordem estabelecida. É possível entender que sua atuação assume o caráter protagônico, uma vez que encarnam, ainda que de forma não consciente e muitas vezes com conseqüências negativas para os sujeitos (que são suspensos, expulsos, estigmatizados etc.), o drama coletivo, mediado por sua particularidade.

Inicialmente, eu recorria aos conceitos de *verticalidade* e *horizontalidade,* desenvolvidos por Pichón-Rivière dentro do referencial psicanalítico. Como foi visto anteriormente, enquanto o primeiro está ligado à história pessoal dos sujeitos, o segundo refere-se ao processo atual, que ocorre no aqui e agora, envolvendo a totalidade dos membros do grupo, sendo entendido como a colocação das histórias individuais dos participantes na situação vincular grupal.

Nos contextos institucionalizados, passei então a evitar a abordagem verticalizada, não focalizava a história individual dos participantes, priorizando a dimensão horizontal, isto é, a das relações vinculares do grupo em função da tarefa estabelecida.

Aos poucos, comecei a perceber que a idéia do protagonista poderia me levar mais longe, e passei, gradativamente, a utilizá-la como uma *categoria conceitual*, percebendo seu potencial de importante recurso para fazer a leitura do que ocorria nos grupos.

Emprestado do teatro, a origem do termo protagonista está na palavra grega usada para designar o primeiro ator, o *ator principal da tragédia*. Em seu livro *Psicoterapia de grupo e psicodrama*[96], Moreno declara que utiliza o termo protagonista "para um sujeito desempenhando um papel", e recomenda que este "deve atuar livre, como lhe vier à cabeça", razão pela qual "lhe é necessário liberdade de expressão" – ou seja, espontaneidade[97]. Afirma ainda que se exige do protagonista, "que se represente a si mesmo no cenário, que esboce o seu próprio mundo", numa perspectiva completamente diversa daquela utilizada no teatro comum, onde se solicita que o ator "sacrifique seu próprio eu para o papel que o dramaturgo prescreve"[98].

Apesar dessa exceção, poucas são as referências específicas que Moreno faz ao protagonista, dando a impressão de que se trata de uma incrível "intuição", de grande importância, riqueza e alcance, em termos teórico-metodológicos.

---

96 Publicado pela primeira vez em 1959.
97 J. L. Moreno, *Psicoterapia de grupo e psicodrama*, p. 106.
98 *Ibidem*, p. 107.

Luis Falivene Alves define o protagonista como

> [...] o elemento do contexto dramático que surge através de um personagem no desempenho de um papel, questionador de sua ação e sua emoção, e representante emocional das relações estabelecidas entre os elementos de um grupo [...][99]

Na tragédia grega, o protagonista, que etimologicamente significa o "primeiro combatente", designa o herói que se punha em luta contra as forças do destino, do qual era porta-voz. Ele é o

> [...] personagem principal do drama, responsável pelo fio condutor da ação, o principal lutador, [...] aquele que vai confrontar o antigo e o novo, o passado e o presente, o sagrado e o profano, o mito e a cidade, aquele que, aceitando o questionamento da comunidade, vai decifrar o enigma de sua história.[100]

Falivene faz uma distinção entre *protagonista* e *emergente grupal*, afirmando que quando, num grupo,

> [...] através do relato de acontecimentos, queixas, sentimentos, etc. há uma interação entre seus integrantes, com uma configuração sociométrica em torno de um elemento, que conflui em si a problemática pessoal dos demais participantes, podemos dizer que estamos diante de um emergente grupal.

A seu ver, esse participante ainda não pode ser chamado de protagonista, pois a *protagonização é função do contexto*

---

99 L. F. R. Alves, "O protagonista: conceito e articulações na teoria e na prática", p.1.
100 *Ibidem*, p. 2.

dramático, isto é, faz parte da dramatização. Ele só aparece, de fato, quando se estabelece um projeto dramático comum, originário dos estados conscientes ou não do grupo, e se configura como representante emocional das relações estabelecidas entre os diversos participantes.

Segundo Moysés Aguiar, o protagonista emerge da platéia, pelo processo de aquecimento (*warming-up*), como "aquele que desempenhará o papel de personagem que centraliza o tema e a trama"[101]. Uma vez na cena dramática, ele é estimulado pelo diretor a expor publicamente sua intimidade e, rompendo as barreiras entre o privado e o público, se faz porta-voz do drama coletivo. E essa intervenção

> [...] na fronteira entre o público e o privado tem uma significação mais profunda do que aparentemente se poderia imaginar. Ela realiza uma ruptura com um dos mais potentes e sutis instrumentos da ideologia, que é a falsa equiparação entre privacidade e individualismo.[102]

Parece, portanto, que o fenômeno do protagonista tem sido compreendido sob dois aspectos: o primeiro deles como parte da dramatização, instrumento da sessão psicodramática; o segundo, como representante da intersecção entre o individual e o coletivo (grupal). É nesse sentido que Aguiar declara que "no palco do teatro espontâneo, a individualidade e a coletividade se encontram: o privado se faz público, mas também o público se faz privado"[103].

Outro autor que aprofundou a discussão sobre o protagonista foi Alfredo Naffah. Ao refletir sobre os conceitos morenianos, empreendeu uma releitura deles, buscando

---

101 M. Aguiar, *Teatro da anarquia: um resgate do psicodrama*, p. 37.
102 *Ibidem*, p. 102.
103 *Ibidem*, p. 37.

superar algumas limitações da obra do criador do psicodrama. É conveniente esclarecer que "superar" está sendo usado, neste texto, não com o sentido de negar as contribuições dele, mas de enriquecê-las, ampliá-las e aprofundá-las, ou seja, ir além, ir mais longe.

Para compreender o conceito de protagonista de forma mais abrangente, faz-se necessário retomar um aspecto pouco desenvolvido por Moreno, isto é, de *história*, cujo papel permaneceu reduzido à história pessoal dos indivíduos, remetida basicamente ao *locus familiar* onde eles se constituíram. É inegável que o conceito básico de matriz de identidade abre uma perspectiva relacional na compreensão da constituição dos sujeitos. Trata-se da "placenta social" do bebê, ou o *locus* onde ele se enraíza, que lhe dá suporte para a sobrevivência, segurança, orientação e guia. É um lugar preexistente (geralmente o grupo familiar), onde ele se insere e relaciona-se com objetos e pessoas, onde assimila valores, conceitos e preconceitos, e que funciona como ponto de partida para a constituição desse novo membro desse grupo e dessa sociedade.

Tais considerações, porém, a meu ver, estão longe de referir-se ao processo histórico mais amplo, razão por que me vejo impelida a concordar com Naffah, quando aponta que Moreno parece não ter levado devidamente em conta que as famílias particulares se estruturam a partir do contexto econômico e social mais amplo, isto é, são expressão de uma sociedade e de uma cultura determinadas, num momento histórico específico. Ou seja, ele não chegou a explicitar que, no horizonte das histórias pessoais, está todo o poder modelador e estruturante da *história coletiva*.

Por ter partido do teatro e privilegiado a ação, Moreno concebeu a vida social como um grande *drama*, vivido por múltiplos atores, com um *script* que lhes é, via de regra, inconsciente. Esse termo está sendo usado neste texto de forma diferente da concepção psicanalítica, pois, na abordagem psicodramática, o inconsciente refere-se àquilo que não está na consciência, isto é, que está alienado da consciência. Assim, os homens são atores inconscientes que se descobrem parte desse drama, "[...] de cuja autoria não participaram, mas no qual se viram lançados pelo simples fato de existirem – desde o início – no interior das instituições humanas [...]"[104]

A palavra *drama*, derivada do grego, etimologicamente significa *ação* em dois sentidos diferentes: num primeiro, diz respeito à ação enquanto *movimento presente, se consumando, acontecendo*; num segundo sentido, enquanto *movimento acabado, feito, coisa consumada*. O drama, segundo Naffah, traduz

> [...] o grande dilema do homem trágico, tematizado e polemizado pela tragédia grega, qual seja, o de estar sempre lançado numa ação presente que se pretende responsável, espontânea, ao mesmo tempo em que se sabe uma ação prefigurada, consumada mesmo antes de se iniciar, na medida em que está determinada pela vontade dos deuses.[105]

Trata-se, portanto, de um drama particular articulado a um outro drama, uma ação que se supõe livre e encontra sempre um "*script* pré-traçado", "palavra de oráculo", que significa ação consumada de um outro na interação com muitos outros, "enredado ou trama que se confunde com a própria constituição histórica do sujeito".

Transpondo essa concepção para o homem contemporâneo, Naffah evidencia que esse outro designa tanto os vários

---

104 A. Naffah Neto, *Psicodramatizar, op. cit.*, 1980, p. 20.
105 *Idem. Psicoterapia hoje*, p. 54.

personagens em cuja ação está ancorada sua história como uma ordem que se realiza por meio deles. Não se trata, porém, de uma *ordem divina* como entendiam os gregos, mas de uma *ordem social, econômica e política*, historicamente constituída, em que se encontram desde as determinações de classe social, até as posições na rede familiar e os *papéis*.

No cotidiano, evidentemente, os indivíduos nem sempre têm consciência das razões e determinações de seus atos. Não se percebem como atores dessa ordem preestabelecida, que foi assimilada de uma forma tão sutil, que se tornou "naturalizada" e tem caráter ideológico. Isso vai ao encontro da declaração de Aguiar, de que os "[...] conteúdos ideológicos permeiam o cotidiano de maneira tão insidiosa, tornando indefesas suas vítimas"[106].

Nessa direção, o drama designa a ação humana expropriada e alienada de si mesma. A *alienação* consiste, de forma simplificada, em desconhecer as determinações históricas constitutivas da existência de cada um. À medida que o discurso ideológico naturaliza e universaliza as funções sociais, cria nos sujeitos a ilusão de que seu comportamento apóia-se numa ordem universal característica da natureza ou de uma essência humana. Dessa forma, os homens ficam

> [...] despossuídos de sua própria ação, que passa a dominá-los em vez de ser por eles dominada [...] agem como "marionetes" regidas por um *script* cada vez mais sem tempo e sem lugar, ou seja, como *atores inconscientes de uma peça desconhecida*.[107]

É exatamente por ser inconsciente que o *drama* se repete, e um dos postulados básicos do psicodrama é que, so-

---

106 M. Aguiar, *O teatro terapêutico*, 1990, p. 203.
107 A. Naffah Neto, *Psicodramatizar*, op. cit., 1980, p. 30.

mente revelando esse *drama coletivo* oculto sob o *drama particular*, pode-se transformar a existência. Nesse processo há sempre dois níveis, o *das vivências subjetivas,* ligadas à particularidade, e o *das determinações concretas do processo*, relativas às condições objetivas e históricas.

No primeiro nível, o sujeito se imagina livre, se autodeterminando independentemente dos outros, pois ninguém se vê como personagem de um drama coletivo, nem "despossuído de sua própria ação no mundo por uma série de papéis e de máscaras"[108].

É esse exatamente o *nível das representações ideológicas*, em que imperam os mitos do individualismo, da pessoa privada, entre outros.

O segundo nível é presidido pela *interação grupal*, portanto, pelos *papéis sociais*, que tendem a repetir no grupo atual a dinâmica básica e inconsciente dos papéis históricos pelos quais foram constituídos.

O drama está articulado por uma rede de posições (*rede sociométrica*) e se movimenta por meio dos *papéis sociais* articulados a essa rede, que geralmente são vivenciados como independentes do drama mais amplo. Isso faz que sejam vistos como "naturais", portanto, "imutáveis", o que contribui tanto para a sua própria perpetuação, como para a perpetuação do *status quo* vigente.

No interior do drama, a contradição básica se dá entre a *pessoa privada* e o *papel social*, pois ele reflete "a cisão dos sujeitos humanos num desejo e imaginação colonizados, por um lado, e numa ação alienada [...] por outro lado"[109]. Colonizados, diz Naffah, porque foram tomados emprestados de outrem, não tendo sido criados pelo próprio sujeito, e alienada porque

---

108 *Ibidem*, p. 70.
109 *Ibidem*, p. 31.

não se reconhecem suas determinações históricas. E a primeira instituição a colonizar o desejo, reproduzindo em escala reduzida o drama mais amplo do qual é porta-voz, é a família.

Nesse sentido, as pessoas privadas refugiam-se numa "pseudo-liberdade solipsista"[110], fecham-se em si mesmas e se esquivam de uma tomada de posição diante do mundo, mostram-se apenas como máscaras, por meio de seus papéis.

O *caráter dialético* desse processo, segundo Naffah, reside no fato de que a manutenção da individualidade implica a negação das determinações sociais, que, se exacerbada, contraditoriamente, leva ao isolamento, à solidão e à negação da própria individualidade. A preservação da individualidade levada ao extremo, pela negação do drama coletivo que a determina, produz, portanto, contradição.

As *contradições* vividas fazem desaparecer a oposição inicial entre os dois níveis acima apontados, ou seja, o individualismo é superado pela vivência de um drama comum a todos, sendo o protagonista a condensação de tudo isso, aquela pessoa que sucumbe primeiro.

Outro sentido do termo protagonista é "o que agoniza primeiro", ou seja, é aquele membro do grupo que não consegue manter seu drama pessoal no plano meramente subjetivo, sendo compelido a objetivá-lo, a colocá-lo em ação. A riqueza do conceito passa, portanto, pela possibilidade de um determinado sujeito ser representante, ao mesmo tempo, de si mesmo, enquanto singularidade, e do processo contido no universo microssocial em que está inserido, que por sua vez reproduz o drama coletivo mais amplo.

---

110 O termo "solipsista" significa solitário. O solipsismo é também uma doutrina filosófica que considera o "eu" como a única realidade existente no mundo, e nega, inclusive, a possibilidade de conhecimento e de comunicação entre os seres humanos.

Além do caráter de *mediação do drama coletivo pelo drama individual*, que o protagonista encaminha, outro importante aspecto reside na "encarnação do drama" por quem protagoniza. Não se trata de uma volta ao passado, em termos de uma simples tomada de consciência, graças às várias cenas que se encadeiam, pois isso reduziria a riqueza do processo a um fenômeno de ordem puramente cognitiva e intelectual. Trata-se, realmente, de um *reviver o drama*, com o sentido de resgatar a intensidade emocional a ele associada. Talvez por essa característica, o protagonista funciona como um ímã que mobiliza e polariza as atenções e emoções dos participantes, que nele se vêem representados. Tais considerações trazem implícita a idéia do *protagonista* como *mediador* entre a *particularidade* e a *genericidade*.

Somente quando a pessoa rompe sua privacidade e seu fechamento e começa a questionar-se sobre o papel é que ela pode finalmente reencontrar-se no "drama". É, pois "[...] a descoberta do outro como condição do próprio eu, a 'psyché' que, ao fazer-se 'drama', se encontra através do 'socius'"[111].

Para Naffah, o psicodrama é exatamente:

> [...] esta unidade entre o "socius" e a "psyché", esta possibilidade do drama social poder revelar-se através da especificidade e particularidade da existência de cada sujeito, portanto, aparecer como constituinte das raízes da própria vida cotidiana.[112]

É por essa razão que, ao trabalhar protagonicamente com um indivíduo, consegue-se atingir todo o grupo, pois cada um passa também pelo processo, juntamente com o

---

111 A. Naffah Neto, *Psicodrama – Descolonizando o imaginário*, p. 184.
112 *Ibidem*, p. 178.

protagonista. E, nesse sentido, o grupo funciona não apenas como uma "caixa de ressonância" dos sentimentos e ações do protagonista, já que estes são, concomitantemente, de todos, mas praticamente, desaparece a diferença entre esses dois instrumentos da sessão psicodramática: protagonista e auditório.

O psicodrama constitui um *método* que opera por meio de uma *investigação das relações sociais*, das *posições* e dos *papéis* que os indivíduos representam, no entrecruzamento das redes sociais das quais são partes integrantes (família, instituição de trabalho, círculo de amigos etc.). À medida que o psicodrama concretiza e pesquisa tais aspectos, cria a possibilidade de os indivíduos se desenredarem deles e superarem sua condição de "sujeitos sujeitados", tornando-se "sujeitos ativos", o que favorece o processo de desalienação.

Sua metodologia parte da idéia de que a cena trazida esconde outras cenas. No trabalho protagônico, procura-se desenvolver as fantasias, corporificar os fantasmas, recuperar a trama e o enredo, buscando chegar cenicamente ao momento em que o papel ainda não se encontrava cristalizado. Investigando o contexto que o engendrou, procura-se reeditar o momento de sua criação.

A identificação da origem (*status nascendi*) dos papéis revela sua articulação histórica, cria condições para a desmistificação da imutabilidade do *script* estabelecido, geralmente vivido como um "destino inexorável", impossível de ser modificado, e assim abre caminho para a transformação.

O processo pelo qual se propiciam condições para que o drama circule pelo grupo e ecloda é o *aquecimento,* pois nele se explicitam as negações e contradições entre o nível *privado* e o *coletivo.* De acordo com Naffah, como a privacidade absoluta significa a solidão, a negação do *ser coletivo* pelo *privado* produz contradição e negação da própria privacidade. E o lugar sociométrico onde essas contradições atingem seu ápice, e onde a primeira existência privada agoniza e se torna *mediadora* do *drama coletivo*, designa o *protagonista*.

A dramatização, de acordo com o fluxo espontâneo que a impulsiona, procura identificar e reproduzir as situações de sua produção, redescobrir seus referenciais históricos, para que os papéis possam desdobrar-se em consciência e, conseqüentemente, reescrever o *drama*. Por essa razão, é importante investigar as maneiras específicas como as máscaras e a alienação se instituíram em cada existência particular.

Segundo Naffah, na abordagem gestáltica não existe protagonista porque ela não trabalha a categoria drama – seu enfoque é humanista e centrado na pessoa. Já o psicodrama se configura como um *anti-humanismo*, por considerar o homem como um ser "[...] *ex-cêntrico a si mesmo*, o que quer dizer lançado na ambigüidade de ser falado quando fala, ser agido quando age, *jamais tendo plena posse de si mesmo*"[113].

A questão que se impõe neste texto diz respeito ao fato de o termo protagonista ser utilizado apenas no contexto da dramatização. Falivene Alves afirma que o "movimento protagônico está presente no contexto grupal", mas o protagonista não, já que a cena é seu *locus nascendi*.

Aguiar também concorda com essa perspectiva, ao declarar que o protagonista é um elemento da estrutura cênica, e que, a rigor, só existe no contexto dramático. Ele constitui o personagem em torno do qual se constrói a narrativa, e, assim como toda história tem uma figura central, toda dramatização tem um protagonista. Segundo ele, no psicodrama, o personagem protagônico é a pessoa do ator que desempenha o papel principal.

---

113 A. Naffah Neto, *Psicoterapia hoje*, p. 60.

Esclarece, entretanto, que, embora *em qualquer tipo de trabalho grupal um dos membros sempre se faça porta-voz, no contexto grupal*, o protagonista é "*apenas um emergente*, aquele que se destaca e impõe sua candidatura ao posto de ator principal na dramatização". O emergente grupal não traz um tema que seja "problema de todos, no sentido de que cada um dos indivíduos que compõem o grupo estaria experienciando, em sua vida pessoal, em outros contextos, algo semelhante". O que ele apresenta é seu caso pessoal, mas seus conflitos têm que ver com outros existentes no contexto social, em que todos e cada um dos integrantes estão inseridos. Nesse sentido, afirma Aguiar, "o protagonista experiencia vicariamente o drama de seus pares"[114].

A dramatização é diferente do jogo dramático. Enquanto a primeira contém uma narrativa cênica, com começo, meio e fim, e conta com a força do drama individual e coletivo; a segunda consiste num exercício de representação de papéis, cuja função principal é o *aquecimento*. O jogo é um instrumento muito útil, no contexto educacional, por seu caráter pedagógico. Nele se trabalha o grupo todo, e pode existir um jogo dramático sem protagonista.

Segundo alguns autores, é possível haver dramatização sem protagonista, e muitas vezes o grupo demanda algum tempo para criar condições para o aparecimento desse. Na dramatização, o protagonista também não precisa ser necessariamente uma pessoa em especial, *podendo ser o próprio grupo* ou uma *temática específica*. É comum encontrar-se a afirmação de que, enquanto no psicodrama o protagonista é um indivíduo, no sociodrama, é o grupo. Para Aguiar, porém, é um equívoco achar que o protagonista é um fenômeno específico do grupo psicoterapêutico.[115]

---

114 M. Aguiar, *O teatro terapêutico, op. cit.*, p. 182.
115 *Ibidem*, p. 166.

Essas afirmações de Aguiar, assim como as de Naffah, a meu ver, podem dar margem a uma interpretação mais ampla do termo protagonista, não apenas como instrumento da cena dramática, mas como uma *categoria conceitual*. Naffah chega mesmo a tecer considerações a respeito da classe operária, na época de Marx, afirmando literalmente que o proletariado constituía "uma espécie de porta-voz do Drama Coletivo do sistema capitalista"[116] ou "protagonista da sociedade", à medida que não era "[...] mais capaz de ocultar o caráter inumano de sua vida, explodindo e fazendo emergir a consciência revolucionária"[117].

Diante de tais colocações e das minhas experiências com grupos não psicoterapêuticos, em que nem sempre ocorre dramatização, mas uma ou mais pessoas encarnam o drama grupal, fui desenvolvendo a idéia de que a *protagonização* não deveria ficar restrita à encenação teatral. Como o protagonista representa a condensação da subjetividade e da objetividade, do particular e do coletivo (genérico), abre-se, a meu ver, a possibilidade de fazer uma leitura do processo grupal por meio dele.

Além disso, fui aos poucos percebendo que era possível realizar vários níveis de leitura do "drama" e do protagonista nas seguintes situações grupais:

1 no nível *pessoal* da particularidade, à medida que o protagonista não apenas relembra, mas revive, encarna seu drama pessoal;
2 no nível do aqui e agora *grupal*, quando permite uma compreensão do que está ocorrendo no processo do grupo como um todo, suas principais angústias, defesas e temáticas;

---

116 A. Naffah Neto, *Psicodramatizar*, op. cit., p. 69.
117 *Ibidem*. Em outra obra sua (1979), na página 148, também se refere à classe operária como protagonista.

3 no nível *institucional*, à medida que reflete os embates e contradições existentes nas instituições implicadas;
4 no nível *social*, pois diz respeito ao momento histórico pelo qual a sociedade em questão está passando.

Tais concepções foram gradativamente tomando forma em minha mente. Houve, entretanto, um momento marcante, que vale a pena relembrar, quando eu não tinha plena clareza delas, e sobre as quais refleti reiteradas vezes.

Nos anos 1970, tempos difíceis da ditadura militar argentina, participei de um congresso em Buenos Aires, cuja metodologia principal eram os psicodramas públicos. No primeiro encontro, dirigido por Zerka Moreno, uma participante grávida postulou sua candidatura a protagonista. Sucintamente, sua angústia dizia respeito a um temor de que o bebê que esperava pudesse nascer com tendências psicóticas, já que sua mãe sofria de problemas dessa natureza. Zerka dirigiu magistralmente a cena, depois compartilhou emocionalmente, revelando inclusive suas próprias angústias em semelhante situação, e o grupo todo acompanhou o desenrolar da cena, num clima emocional intenso.

Na ocasião, eu fazia formação em psicodrama e não tinha ainda condições de perceber toda a riqueza e amplitude dessas concepções. À medida que minha prática, reflexões e buscas teóricas avançaram, passei a indagar até que ponto, naquele psicodrama público, não estavam presentes, além da situação particular da protagonista, conflitos e temores da própria instituição psicodramática argentina, que eu desconhecia, e mais, até que ponto não expressava também o medo daquela sociedade, que passava então por um momento histórico claramente paranóide, com perseguições, desaparecimentos e mortes de cidadãos. Eu me perguntava: o que poderia estar sendo gestado, a partir de uma situação social como aquela?

Em minhas atuações como coordenadora, venho utilizando, com sucesso, esse conceito, para melhor compreender o que ocorre nos grupos. O protagonista passou a ser um guia para a compreensão do movimento grupal, à medida que seu discurso e sua ação representam a ação e o discurso de todos. Além disso, a possibilidade de leitura nos níveis anteriormente apontados clareou para mim a distinção entre o psicodrama no nível psicoterapêutico e no nível operativo.

□

APÊNDICE

■

A teoria e a prática

Após toda a discussão teórica, de caráter acadêmico, realizada nos capítulos anteriores, vem-me à mente a constante solicitação de profissionais que estão aprendendo a lidar com grupos, sobre como coordená-los. Temerosa de cair numa *perspectiva tecnicista*, sempre dou ênfase à necessidade de um embasamento teórico aprofundado, com uma clara visão de homem e de mundo, que dê significado às ações realizadas. Por tais razões, decidi acrescentar ao texto básico, como apêndice, um artigo publicado na revista Perspectiva (1998/CED/UFSC) junto com duas estagiárias de psicologia, em que relatamos e discutimos um programa de educação sexual realizado em várias escolas da rede pública de ensino de Florianópolis (SC).

É importante esclarecer que a relação entre teoria e prática é bastante complexa e dá margem a muita discussão. A atitude típica do *senso comum* vê a atividade prática como "natural", como algo que não requer explicação. Em geral, os homens acreditam que estão em contato direto e imediato com o mundo dos atos e objetos, achando que estes são o que são. Não sentem necessidade de questionar suas explicações, hábitos e preconceitos, em que se apóiam seus pensamentos e ações.

Assim, a atitude teórica de indagação sobre o que vai além das aparências é bastante limitada na vida cotidiana. Satisfeitas as necessidades imediatas, o pragmatismo nela predominante representa o mundo das coisas e das significações em si. Trata-se de um objetivismo em que os objetos práticos ficam separados dos sujeitos, e ocorre, segundo Vázquez[118], uma "[...] redução do prático a apenas uma dimensão, a do *prático-utilitário*". E este é, geralmente, o sentido que se atribui ao termo prática.

Por essa razão, pessoas, em seu cotidiano, não sentem necessidade de explicações teóricas, acham que a prática fala por si, e que seus problemas serão resolvidos no âmbito da experiência vivida. É evidente que os homens comuns não deixam de ter alguma consciência de que existem explicações mais complexas para os fenômenos que conhecem. Ultrapassar esse nível de saber requer, porém, uma *atitude de estranhamento* ante o que parece natural e óbvio, um esforço teórico, assim como a ousadia de desmascarar as explicações sedimentadas e confortáveis, transmitidas pela sociedade e pela cultura.

Desde a antiga Grécia, a parte física do trabalho era menosprezada porque tornava os indivíduos escravos da matéria, atitude considerada indigna dos homens livres. O trabalho manual era desvalorizado e ficava a cargo dos escravos. Segundo Vásquez, na perspectiva materialista-histórica, o papel da prática no conhecimento adquire uma nova dimensão: não só proporciona o objeto do conhecimento, como também o *critério de verdade*. É, pois, na prática que se demonstra a verdade, e é na ação prática que se pode verificar se as conclusões teóricas sobre os fenômenos são falsas ou não.

---

118 A. S. Vásquez, *Filosofia da práxis*, p. 12.

Segundo o mesmo autor, porém, é "[...] necessário evitar interpretar essa relação entre verdade e aplicação feliz, ou entre falsidade e fracasso num sentido pragmático"[119], uma vez que nem sempre o êxito constitui a verdade. O que ocorre é que a prática, de fato, não fala por si, e os eventos práticos têm de ser analisados, interpretados, já que não revelam seu sentido à observação direta e imediata.

O importante é que teoria e prática não sejam consideradas separadamente. O que se quer evidenciar é exatamente a importância de que estes dois níveis — teórico e prático — sejam compreendidos numa relação mútua, numa interligação permanente, em que um prepara o outro e é ou não confirmado por ele.

Com o acréscimo deste artigo, procuro mostrar como trabalhamos com grupos numa releitura histórico-cultural da abordagem sociopsicodramática, bem como evidenciar que as ações empreendidas na coordenação dos grupos estava sempre permeada de uma compreensão teórica.

Trabalhando a sexualidade na sala de aula[120]

Carmen Andaló[121]
Melissa Maria Fernandes
Monica Duarte da Silva Gonçalves[122]

O trabalho apresentado neste apêndice está vinculado ao Laboratório de Educação e Saúde Popular (Laesp), forma-

---

119 A. S. Vásquez, *op. cit.*, p. 156.
120 Este capítulo foi publicado, de forma um pouco modificada, na *Revista Perspectiva*, Florianópolis, v. 16, n. 30, jul/dez. 1998, p. 35-56.
121 Professora doutora do Departamento de Psicologia da Universidade Federal de Santa Catarina.
122 Alunas estagiárias da área de Psicologia Escolar, que desenvolvem o trabalho de sexualidade, supervisionadas pela referida professora.

do por alguns professores do Departamento de Psicologia da Universidade Federal de Santa Catarina, que, junto com alunos de graduação (sob a forma de estágios curriculares) e de mestrado, além de psicólogos, desenvolvem projetos que atendem basicamente à população de baixa renda, em instituições públicas.

O laboratório tem como objetivos gerais:

1 repensar e socializar o conhecimento acumulado na área de psicologia, à luz do contato com as classes populares;
2 contribuir para a formação de recursos humanos capazes de dimensionar a práxis do campo psicológico, além do que está instituído e estabelecido tradicionalmente;[123]
3 construir uma perspectiva que integre pesquisa e intervenção, estimulando uma abordagem de caráter multidisciplinar.

Para alcançar esses objetivos, os vários profissionais do laboratório se organizam em equipes, que, desenvolvendo projetos específicos, pretendem contribuir na busca de soluções para os graves problemas desses setores da sociedade.

Um dos projetos dedicou-se a uma temática urgente, que não diz respeito a uma comunidade específica, mas é uma problemática global – a Aids. Nos dez últimos anos, a síndrome da imunodeficiência adquirida cresceu em proporções geométricas: de 1980 a 1996, foram notificados, apenas no Brasil, um total de 88.099 casos[124]. E fica em

---

123 C. S. A. Andaló *et al.* "O laboratório de educação e saúde popular da UFSC: primeiras reflexões", p. 106.
124 Dados da gerência do Programa Estadual DST/AIDS de Santa Catarina (*Diário Catarinense*, Florianópolis, 1/12/96, p. 47).

Santa Catarina a cidade com maior incidência proporcional de Aids – Itajaí, com 498,3 por cem mil habitantes.

Ao se voltar para essa pandemia, outra situação tornou-se também alvo de atenção, a saber, o alto índice de gravidez precoce, que tem, entre outras conseqüências, o abandono, por parte das jovens mães, de sua vida escolar.

Tais dados evidenciavam a relevância de um trabalho que abordasse essas temáticas com adolescentes. Assim, elaborou-se o projeto intitulado "Educação e saúde – Um trabalho de sexualidade na escola pública", desenvolvido desde 1992 e que tem, entre seus objetivos, elaborar uma metodologia que possa auxiliar na prevenção da Aids e na promoção da saúde.

Histórico do projeto

O projeto teve início, de forma quase acidental, quando se implementava uma proposta de *aperfeiçoamento docente em serviço* em uma escola de 1º grau da rede estadual de ensino de Florianópolis (SC), com grupos de reflexão sobre a prática pedagógica desenvolvida.

Dentre alguns trabalhos específicos realizados, o que mais interessa a este artigo diz respeito ao das "5ªs séries do 1º grau", que se estruturou de acordo com a demanda dos professores de uma escola específica, de um espaço para discutir suas dificuldades em sala de aula. Suas queixas básicas diziam respeito à indisciplina e a um alto índice de repetência e evasão escolar.

Foi elaborada, então, uma proposta de dupla intervenção, com os educadores e os alunos propriamente ditos. Com os primeiros, constituiu-se um grupo quinzenal, cujo objetivo era implementar um processo de reflexão sobre os problemas existentes nas 5ªs séries. Com os discentes, planejou-se um trabalho que visava refletir também sobre assuntos referentes à escola. Como se iniciou levantando os temas de seu interesse, em função da faixa etária em que se encontravam, o assunto que mais mobilizou foi a *sexualidade*. É importante esclarecer que, naquele momento, o problema da Aids não se apresentava tão grave, colocava-se como uma questão restrita aos chamados "grupos de risco".

O caráter de consultoria desses projetos, limitado em termos de continuidade (pois se tratava de campo de estágio para alunos de graduação em Psicologia) e a forte resistência de alguns setores da instituição fez que em 1993 se decidisse encerrar a intervenção naquele primeiro espaço.

Dado o sucesso do trabalho sobre sexualidade e o caráter de pandemia que a Aids adquiriu, elaborou-se o 1º Projeto de Educação Sexual, implantado em outro colégio, também da rede estadual, que oferecia ensino de 1º e 2º graus. Este prolongou-se por dois anos (até dezembro de 1995).

Desde seu início, o projeto assumiu o caráter de *educação continuada*, porque se entende a sexualidade como um comportamento complexo, que abrange aspectos afetivos mais profundos, bem como crenças e valores, construídos ao longo da história social e pessoal dos indivíduos. Esses se apóiam em velhos hábitos formados no calor da ação, em contato com experiências e pessoas significativas, que não desaparecem magicamente ante a argumentação lógica ou simplesmente pelo acesso a saberes e informações de ordem científica. Por tais razões, o programa era realizado durante um ou dois anos letivos, em uma hora-aula semanal (45 minutos), cedida por professores de disciplinas variadas, de modo a não prejudicar o conteúdo delas.

É importante esclarecer os motivos para trabalhar o tema sexualidade em escolas públicas. Sabe-se que o sistema de ensino brasileiro é freqüentado basicamente por alunos oriundos das classes populares, que não contam com serviços de saúde eficientes, especialmente em termos preventivos. Apesar de continuar apresentando um caráter excludente em relação aos educandos dessas classes, dada a exigência legal da escolarização, a escola constitui um local que agrupa de forma sistemática um grande número de jovens.

A escolha da sala de aula como espaço para desenvolver o projeto deveu-se ao fato de os alunos estarem ali reunidos. Pretendia-se, assim, atingir o maior número possível de adolescentes, permanecendo fora da atividade apenas aqueles cujos pais não concordassem com a proposta.[125] Além disso, a tentativa feita na segunda instituição, de oferecer um grupo aberto e voluntário para discutir sexualidade como atividade extracurricular (em horário diferente do de aula) foi malsucedida, pela freqüência instável dos alunos, não acostumados a ir à escola fora do período normal.

Em artigo publicado em 1995[126], relatou-se o início desse projeto. Quando concluído, tinham sido realizados 295 encontros, pelos quais passaram 253 adolescentes de 11 turmas (da 5ª série do 1º grau à 3ª série do 2º grau), na faixa etária de 11 a 18 anos.

A partir de 1996, o programa foi transferido para uma instituição da rede municipal da mesma cidade, com uma sensível diminuição do número de turmas beneficiadas – uma 6ª, uma 7ª e uma 8ª séries. Optou-se por uma redução da quantidade, visando um aprofundamento, em termos teóricos e metodológicos, da intervenção.

---

125 Fato importante a ser relatado é que, nesses quatro anos de oferta do projeto em duas escolas, nenhuma família impediu seus filhos de participar.
126 C. S. A. Andaló, "Um trabalho sobre sexualidade na escola pública", p. 151-159.

Esse redirecionamento ocorreu em função dos seguintes aspectos:

1 *A dificuldade em obter resultados visíveis*, uma vez que se refere a um assunto de domínio privado e íntimo (sexualidade). Além disso, como se sabe, é complicado o acompanhamento do resultado de trabalhos desse tipo, especialmente no que diz respeito à infecção pelo HIV, cujo período para aparecimento dos sintomas é bastante longo.

2 *A limitada oferta desse projeto, em virtude de sua duração restrita.* Como se tratava de uma atividade de extensão da universidade, sua permanência máxima em uma instituição escolar era de três anos. Assim sendo, beneficiava os adolescentes que a ele se submetiam, deixando, porém, a descoberto os que ficavam fora do período de intervenção.

3 *O interesse, manifestado pelo MEC, de implantar programas de educação sexual nas escolas públicas* indicava a urgência de se aprofundar a sistemática de trabalho utilizada, de modo a oferecer subsídios a projetos de "formação de professores" que desejassem se habilitar para atuar permanentemente nessa área em suas escolas.

Os *Parâmetros Curriculares Nacionais para o Ensino Fundamental* incluem a *orientação sexual* como um *tema transversal* às atuais disciplinas, não devendo constituir-se como uma matéria específica.

Está em tramitação no Congresso Nacional o projeto de lei nº 4751/90, de autoria do deputado Elias Murad, prevendo que assuntos pertinentes à sexualidade sejam discutidos nas disciplinas de Ciências Físicas e Biológicas. A então deputada e ex-prefeita Marta Suplicy – profissional atuante na área há vários anos – elaborou um substitutivo a esse projeto, alegando que a proposta original desconsidera o fato de que fenômenos como DST/Aids exigem mais que explicações científicas e impõem a abordagem de valores éticos, morais e questões de gênero.

Segundo a sexóloga Rosely Sayão[127], embora tal iniciativa constitua um avanço em termos do ensino no país, ainda há muito por fazer no campo de *formação de profissionais* que se incumbam dessa atividade.

Até o momento, num período de um ano e seis meses numa terceira instituição, passaram pelo projeto 101 alunos, na faixa etária de 11 a 18 anos, tendo sido realizados 88 encontros. A maioria deles (34, que correspondem a 42% do total) ocorreu na 7ª série, porque o professor de Ciências cedeu uma hora-aula por semana durante todo o ano letivo, participando também das atividades desenvolvidas.

As outras turmas tiveram, em média, 16 encontros cada. Essa diminuição deveu-se ao fato de que, a cada mês, havia a necessidade de fazer uma negociação de horários com os vários docentes, o que levava à perda de algumas aulas. Além disso, as greves de professores por reivindicação salarial, ocorridas com freqüência durante o ano de 1996, reduziram ainda mais os dias disponíveis ao programa.

Disso tudo, é possível constatar que a proposta deste trabalho, além de estar de acordo com as discussões em andamento, assume um caráter pioneiro. Esta breve retrospectiva histórica tem por objetivo não apenas localizar suas origens, mas explicitar a perspectiva teórico-metodológica que o permeia.

A visão de homem e de mundo

Este projeto se apóia na perspectiva histórico-cultural, desenvolvida por autores que pesquisaram o pensamento do homem comum, como Antonio Gramsci e Agnes Heller. Nessa ótica, o

---

127 R. Sayão, "Sexo é educação", p. 9-11.

homem é entendido não como um "ente natural", mas como um ser constituído historicamente, *nas* e *pelas* relações sociais que estabelece com seus semelhantes, na luta pela sobrevivência.

Dentro do referencial teórico adotado, mesmo as funções mais simples, ligadas à própria sobrevivência, como o alimentar-se, o dormir etc., são sempre mediadas pela sociedade em que os sujeitos estão inseridos. Nessa perspectiva, considera-se a sexualidade um dos aspectos fundamentais da *humanização do homem*, não podendo ser reduzida a questões de ordem meramente biológica.

De acordo com Marx, é possível medir o grau de humanização de uma sociedade pelas relações estabelecidas entre homens e mulheres. Em suas palavras:

> [...] a relação do homem com a mulher é a relação *mais natural* do ser humano com o ser humano. Nela se evidencia em que medida o comportamento *natural* do homem se tornou *humano* ou em que medida sua *natureza humana* se tornou para ele *natureza*.[128]

Assim, ao trabalhar sexualidade, está-se inexoravelmente abordando questões relativas aos homens como seres que transformaram a "natureza" em "natureza humana", e a sexualidade se apresenta como *tema mediador*, pois envolve as relações sociais em toda a sua amplitude. Em outros termos, não é possível discutir sexualidade sem remeter às relações de poder, de gênero; a preconceitos; a valores, enfim, a toda uma gama de aspectos das relações estabelecidas entre os homens num espaço e tempo determinados.

Definido o referencial teórico, é importante sublinhar o *caráter não tecnicista* dessa proposta de educação sexual. Não

---

128 K. Marx, *Manuscritos: economía y filosofía*, p. 142.

se trata da aplicação mecânica de uma programação rígida e previamente estabelecida, que possa ser implementada por qualquer coordenador, em qualquer grupo.

O que se procura é ultrapassar o nível informativo (cognitivo), que, embora necessário, não tem se mostrado capaz de promover mudanças efetivas de atitudes e comportamentos numa área tão complexa como a da sexualidade. Isso é evidenciado pelo relativo insucesso das campanhas contra a Aids desenvolvidas pela mídia. Com essa afirmação, não se pretende subestimar a importância de tais campanhas, nem sugerir sua extinção. Pelo contrário, estas poderiam ter um papel muito mais ativo e eficaz, aproveitando, por exemplo, o espaço de grande audiência das novelas, para focalizar a prevenção e a promoção do sexo seguro.

Nessa abordagem, faz-se imprescindível considerar a *perspectiva dos próprios coordenadores*, também eles sujeitos envolvidos na mesma trama histórica dos destinatários do projeto. Assim sendo, um aspecto básico é a tentativa de não atribuir um caráter moralista às discussões implementadas. Procura-se, na medida do possível, evitar a imposição de perspectivas que definem o que é "certo" ou "errado", o que é "sadio" ou "patológico", em termos de sexualidade.

A importância de não se emitir juízos de valor ficou clara em duas situações em que os coordenadores foram procurados em particular (extraclasse). Numa delas, um rapaz que se encontrava em dúvida sobre sua escolha sexual dividiu com a coordenadora sua angústia. Em outra, uma aluna adolescente relatou que estava tendo um relacionamento com um homem de 30 anos de idade.

Nesses casos, os coordenadores procuram "deixar de lado" sua opinião pessoal a respeito do problema, tendo sempre em mente que as escolhas pertencem aos próprios sujeitos, cabendo-lhes apenas oferecer informações as mais objetivas possível, bem como auxiliá-los a refletir sobre as conseqüências de seus atos e sobre sua vida.

Um dos recursos para diminuir a influência da subjetividade dos coordenadores, utilizado no projeto, é a discussão constante de suas concepções ou preconceitos em relação ao tema, bem como a busca permanente de subsídios de ordem científica. Não se trata, portanto, de substituir a "moral vigente" pela "moral dos coordenadores", mas de promover com os adolescentes uma reflexão que amplie suas possibilidades de escolha consciente. Isso significa tentar ampliar seu âmbito de liberdade, devolvendo-lhes o papel de sujeitos da sua própria história.

Metodologia

Trata-se de uma *pesquisa participante*, pois se procede à intervenção e à investigação, de forma concomitante.

Agnes Heller, em sua análise sobre as formas do pensamento cotidiano, aponta como sugestão o trabalho com *pequenos grupos de reflexão*, que se indagam o "como" e o "porquê" de suas condições de existência. Como não esclarece a forma de coordenação desses grupos, passou-se a utilizar o referencial *sociopsicodramático* desenvolvido por Jacob Levy Moreno.

Conscientes de que essa abordagem filia-se a outra matriz epistemológica (fenomenológico-existencial), empreendeu-se uma leitura sócio-histórica de tal abordagem, introduzindo modificações em sua metodologia.

Como não é possível esgotar num artigo todos os aspectos envolvidos na experiência implementada, o que se pretende neste texto é discutir alguns deles.

A priorização dos espaços grupais

A escola é uma instituição que participa, junto com a família, da socialização primária das crianças. Dada sua característica *coercitiva*, o contexto da sala de aula não se configura como um grupo *natural*, em que os indivíduos são automaticamente inseridos, ou *espontâneo,* pois os alunos não escolhem seus professores nem estes a seus educandos. Apesar disso e da tentativa freqüente, dessa instituição, de homogeneizar suas turmas e controlá-las com os famosos "espelhos de classe"[129], nelas se estabelecem vínculos e subgrupos.

Outra razão para essa escolha diz respeito à possibilidade de instaurar os "grupos de reflexão" mencionados por Heller, aproveitando a riqueza oferecida pelo instrumental sociopsicodramático. Moreno evidenciou que, para trabalhar com grupos, antes de mais nada, é preciso conhecê-los em sua estrutura mais profunda, não oficial, o que pode ser feito por meio do que ele denomina sociometria.

Esta consiste na "[...] cristalização mais avançada e ordenada da tendência a descrever e a medir a dinâmica dos grupos [...]"[130]. Com ela, é possível detectar a posição ocupada por cada indivíduo e observar o núcleo de relações constituídas ao seu redor. Esse núcleo é chamado pelo autor de "átomo social", e as relações entre certas partes dos átomos sociais dos indivíduos com outros átomos sociais formam complexas cadeias de inter-relações, que ele designa "redes sociométricas".

Faz-se importante abrir aqui um parêntese, para esclarecer que as contribuições morenianas ao trabalho com grupos, no âmbito das instituições de ensino, têm sido distorcidas e utilizadas de forma inadequada, em função de um desconhecimento, inclusive teórico, de suas propostas. É

---

129 Com esses "espelhos de classe", na maioria das vezes, os professores e especialistas estabelecem lugares fixos para os alunos e procuram romper a rede de relações que se estabelece espontaneamente na sala de aula.
130 J. L. Moreno, *Fundamentos de la sociometría, op. cit.*, p. 12-62.

comum, nas escolas, a sociometria ser reduzida à elaboração do *sociograma*, aspecto do teste sociométrico que expressa graficamente as relações grupais.

Além disso, constata-se que o referido teste tem sido, com muita freqüência, realizado de forma mecânica, sem o necessário envolvimento do grupo na tarefa, e utilizado, muitas vezes, para manipular os grupos, especialmente no sentido de promover a ruptura dos subgrupos e dos vínculos espontaneamente estabelecidos.

Diferentemente, neste projeto dedica-se uma atenção especial e permanente à "sociometria" das turmas, entendida no sentido moreniano original. Para tanto, sem a preocupação de medir as relações grupais, observa-se continuamente a posição espacial dos alunos na sala de aula (proximidade, distância, formação de pares, trios etc.) e as variações que apresenta ao longo de todo o trabalho, seus contatos verbais etc. Realizam-se também atividades especialmente preparadas para esse fim, e seus resultados são devolvidos aos educandos, de forma a poderem visualizar e compreender sua própria rede vincular e seu funcionamento como grupo.

Exemplificando: para conhecer a rede de relações existente em uma das turmas de 6ª série, no primeiro dia de aula, utilizou-se um jogo denominado "novelo de lã"[131]. Tratava-se de uma turma em que existia uma clara divisão entre meninos e meninas, que pouco se relacionavam entre si, chegando com freqüência a rivalizar. É necessário com-

---

131 Consiste numa atividade em que cada indivíduo deve atirar o novelo para outro, de acordo com uma consigna previamente estabelecida (exemplo: jogue para a pessoa que mais conhece, para a que menos conhece etc.), enrolando um pedaço no dedo antes de passar para um colega. Ao final do jogo, forma-se uma teia, onde é possível observar os subgrupos constituintes daquela turma.

preender que, nesse período, os púberes se comportam dessa forma exatamente porque, até por razões hormonais, a atração e a curiosidade pelo sexo oposto aparecem permeadas por sentimentos fortemente contraditórios. Entendendo que eles ainda se encontram na chamada fase dos "clubes do Bolinha e da Luluzinha", procurou-se, ao explicitar a situação, promover o diálogo e a integração entre os dois subgrupos.

A pesquisa e a utilização da linguagem dos grupos

Faz-se necessário, especialmente numa temática delicada como a sexualidade, estabelecer com as turmas um *vínculo de confiança e de colaboração*, para que os alunos se sintam seguros para a discussão e o diálogo sobre assunto tão íntimo e pessoal. Nesse sentido, uma das características do projeto é *partir da linguagem empregada* pelos adolescentes a respeito do tema.

É conhecido e já foi amplamente discutido por Patto[132], o processo de "amordaçamento" progressivo a que são submetidas, nos vários âmbitos da sociedade, as camadas subalternas. Numa perspectiva em que seu saber empírico, retirado da experiência, é desvalorizado, quando não negado, as escolas promovem um verdadeiro processo de "cassação da palavra" dos educandos, reduzindo-os à passividade e ao mutismo, com exceção daqueles que se fazem porta-vozes da rebeldia e da insubmissão.

Assim sendo, um dos primeiros desafios enfrentados nesse projeto foi o "desamordaçamento" dos grupos. Por se tratar de um tema reprimido e proibido, especialmente no

---

132 M. H. S. Patto, *Psicologia e ideologia: uma introdução crítica à psicologia escolar, op. cit.*, p. 126-159.

contexto escolar, a tarefa de fazê-los falar não é fácil. Por sorte, é um assunto para o qual essa faixa etária está particularmente mobilizada.

É bastante conhecido também o fato de que cabe ao professor, na maior parte do tempo, o domínio da fala, ou seja, é ele quem dispõe do discurso considerado competente, estabelecendo "quando" e "como" seus alunos devem e podem se expressar.

Analisando essa questão, Chaui aponta que o discurso competente se confunde com a "linguagem institucionalmente permitida e autorizada", sendo aquele discurso "[...] no qual a linguagem sofre uma restrição que poderia ser assim resumida: não é qualquer um que pode dizer a qualquer outro qualquer coisa em qualquer lugar e em qualquer circunstância"[133]. Esse é o discurso do "[...] especialista, proferido de um ponto determinado da hierarquia organizacional". A autora ainda esclarece um aspecto fundamental, que permite compreender melhor o fenômeno do "amordaçamento". Em suas palavras: "Para que esse discurso possa ser proferido e mantido, é imprescindível que *não haja sujeitos*, mas apenas homens reduzidos à condição de *objetos sociais*"[134].

Procurando devolver aos alunos a palavra cassada, inicia-se o trabalho por um levantamento anônimo do que gostariam de discutir, com a seguinte consigna: "*Escreva num papel o que você gostaria de saber sobre sexo e nunca teve coragem de perguntar*". O *anonimato* é importante para proteger os sujeitos de possíveis críticas ou brincadeiras a que ficariam expostos se assumissem suas dúvidas. Uma constatação do

---

133 M. Chaui, *Cultura e democracia*, p. 7.
134 *Ibidem*, p. 12.

efeito desse trabalho é a notória diminuição dos bilhetes anônimos contendo perguntas, que podem ser depositados em uma caixa-correio mantida em cada turma. Com o decorrer do tempo, observa-se que as questões ligadas ao assunto são expostas verbalmente diante do grupo, com um temor decrescente.

Essas perguntas são posteriormente incorporadas, de forma orgânica, a uma programação que estabelece uma seqüência de temáticas relevantes na área de educação sexual, pois não é possível discutir determinado tema, sem antes esclarecer aspectos considerados básicos para o seu entendimento. Por exemplo, quando o assunto é gravidez ou métodos contraceptivos, é preciso entender primeiro o funcionamento dos aparelhos reprodutores.

Além disso, mostra-se fundamental o *uso da terminologia habitual dos adolescentes* (gírias) a respeito do tema. Ao perceber o coordenador empregando seu linguajar, evidenciam primeiro um enorme susto, muitas vezes acompanhado de comportamentos que denotam vergonha, já que normalmente "professores não usam essas palavras", consideradas de baixo calão. Aos poucos, sentem-se mais soltos, desaparece a sensação inicial de estranheza e aumenta o nível de confiança e verbalização.

Diante disso, ao iniciar cada tema, procura-se levantar as palavras ou expressões utilizadas para designá-los. No trabalho realizado sobre o tema "masturbação", por exemplo, apareceram os seguintes termos: "tocar cuíca, punheta, cinco fariseus fazendo um judeu vomitar o que não comeu, bater siririca, matar passarinho a pau". No assunto "virgindade", usavam-se expressões como: "cabacinho, zero quilômetro rodado, zero bala, BV (boca virgem)" etc.

Convém esclarecer, no entanto, que se introduz gradativamente *o uso da terminologia científica* e, com o decorrer do trabalho, observa-se que o grupo passa a empregá-la com maior freqüência. São aproveitadas, sempre que possível, as oportunidades de colocar esses grupos em contato com a linguagem denominada "culta". Uma situação que ilustra tal postura ocorreu numa 7ª série onde se discutia o tema "homossexualidade": os coordenadores perceberam que a palavra era compreendida por eles como se referindo somente a homens, de forma que homossexual significava "homem sexual". Foi esclarecido ao grupo o significado dos radicais "homo" e "hetero" no uso de várias outras palavras, por exemplo, homogêneo.

Faz-se importante sublinhar que não se desvaloriza, nem se pretende abolir a linguagem utilizada pelos adolescentes, pois ela é útil à sua adaptação nos círculos onde convivem. A intenção é instrumentá-los com outros códigos, que lhes permitam entrar em contato com conhecimentos elaborados e científicos.

Tal orientação se deve à concepção segundo a qual favorecer que os educandos se expressem apenas em sua linguagem usual seria aprisioná-los à sua situação, não lhes oferecendo a oportunidade de adquirir o vocabulário mais elaborado, privativo de certos grupos ou camadas sociais.

A pesquisa e a utilização do conhecimento dos grupos

Compartilhando a perspectiva pedagógica que considera que "só se aprende o que tem significado", a cada turma trabalhada, pesquisa-se o conhecimento que os alunos detêm a respeito do próprio grupo. Isso é chamado de "levantamento do senso comum" (Gramsci), e nele se investiga "como" e "por que" pensam daquela forma, procurando reconhecer historicamente a origem de tais idéias.

Para exemplificar: se o assunto é "homossexualismo", primeiro pesquisa-se como designam tal atividade, como se dá esse tipo de relação e qual sua opinião, valores, preconceitos etc. Em uma 8ª série, fazendo uma lista dos nomes comumente usados para denominar os homossexuais, encontrou-se: "bichas, *gays*, mãezinha, vai de ré no quibe, esconde a cobra, sapatões, dederão etc."

O que se vem constatando com os adolescentes trabalhados é uma enorme ignorância a respeito da sexualidade. Muitas vezes aparecem dúvidas como: "sentar no vaso sanitário pega doença venérea?"; "como se pega Aids?"; "depois que um homem vai no banheiro, caso ele ejacule, pega gravidez?" Sempre procurando evitar considerações de caráter moralista, procura-se colocá-los em contato com os conhecimentos científicos mais atualizados sobre o assunto.

Se, por um lado, como dissemos a respeito da linguagem, é necessário partir da que é utilizada por eles, por outro lado, quanto ao conhecimento, é importante superar tais idéias, já que elas, embora úteis para a sobrevivência na vida cotidiana, são eivadas de crenças e preconceitos.

Faz-se necessário abrir aqui um parêntese para discutir as considerações de Agnes Heller, que realizou uma fecunda reflexão sobre a vida e o pensamento cotidianos. De acordo com a autora, a vida cotidiana, que é a vida de todo homem e do homem inteiro, não está fora da história, mas no centro dela. Em sua visão, o homem é sempre ser "particular" e "genérico". É *particular* porque único, singular, não havendo dois sujeitos iguais, e *genérico* pelo que tem de comum com os outros homens, enfim, porque participa das características da humanidade como um todo.

A vida cotidiana, dado seu caráter heterogêneo, pragmático, fragmentado e hierarquizado (pois nela se desenvolvem várias atividades, algumas mais importantes que outras), presta-se facilmente à alienação. Nas palavras de Patto, ao alienar-se, o homem

[...] torna-se *particularidade*, parcialidade, indivíduo preso a um fragmento do real, à tendência espontânea de orientar-se para o seu *eu* particular. A alienação ocorre quando se dá um abismo entre a produção humano-genérica e a participação consciente dos indivíduos nesta produção [...] [135]

O pensamento cotidiano, segundo Heller, é orientado para a ação prática, em que reside única e exclusivamente sua verdade. Nele existe uma unidade entre o pensamento e a ação, e o fato de que o "útil" seja tomado como sinônimo de "verdadeiro" torna a atividade cotidiana essencialmente pragmática. O conhecimento científico ou filosófico, pelo contrário, é sempre o saber sobre uma coisa em relação com outros conjuntos, envolvendo uma atitude teórica e não prática. Conhecer um fenômeno nesse nível não é simplesmente reagir a ele, ou saber produzi-lo, mas conhecer as conexões que o ligam a outros fenômenos.

Saber algo na vida cotidiana significa que o sujeito se apropriou das opiniões presentes, incorporou a elas suas experiências e adquiriu a capacidade de realizar tipos heterogêneos de ações. Compreender, nesse sentido, é apropriar-se do saber socialmente construído e ser capaz de empregá-lo.

O sentimento que subjaz a esse tipo de conhecimento é a *certeza (confiança)*, que leva à construção de juízos provisórios e de ultragenerializações. Um exemplo esclarecedor citado pela autora é o do "nascer do Sol": em função da experiência reiterada de que esse astro nasce pela manhã, os homens desenvolvem a confiança de que, no próximo dia, ele nascerá no mesmo horário.

---

135 M. H. S. Patto, *A produção do fracasso escolar: histórias de submissão e rebeldia*, 1990, p. 136.

Heller analisou detidamente um tipo especial de juízo provisório, que interessa ao tema tratado neste artigo, o *preconceito*. As ultrageneralizações apoiadas no sentimento de confiança são passíveis de correção, "[...] a partir da experiência, do pensamento, do conhecimento e da decisão moral individual"[136]. Quando, diferentemente, se baseiam no sentimento de *fé*, cristalizam, transformando-se em preconceitos que se conservam contra todos os argumentos da razão. Estes possuem a importante função de manter a coesão dos grupos e integrações sociais, revelam-se altamente resistentes à mudança e levam com freqüência à intolerância emocional.

Para exemplificar como tais reflexões têm sido utilizadas neste trabalho de sexualidade, será relatada uma situação ocorrida numa 7ª série, em que as meninas insistiam muito para que se trabalhasse com elas em separado. Realizando seu desejo, constatou-se que o subgrupo feminino quase não se manifestava em sala de aula porque "os meninos iriam rir, que eles eram mais experientes sexualmente e por isso melhores que elas". Em reunião posterior com os dois grupos, foi perguntado aos garotos "por que achavam que elas quase não falavam nas aulas", ao que responderam que isso "era coisa de mulher, que mulher não devia falar mesmo, que seu lugar era atrás do fogão etc".

Partindo dessas frases, que evidenciam claramente suas concepções de gênero do tipo tradicional e "machista", foi possível realizar um rastreamento histórico dessas opiniões e explicitar seu conteúdo estereotipado e preconceituoso. O que se pretendeu foi proporcionar uma compreensão mais crítica a respeito dos papéis sexuais. Procurando introduzir uma visão de homem como produto e produtor da

---

136   *Ibidem*, p. 137.

história, tentou-se levá-los a repensar valores e conceitos preestabelecidos que, transformados em juízos de valor, na maioria das vezes impedem o indivíduo de enxergar o outro como um ser humano diferente dele.

Nessa turma, observou-se uma gradativa aproximação entre meninos e meninas, considerada um dos resultados do trabalho levado a efeito: primeiramente, passaram a sentar-se mais próximos; depois, começaram a compor grupos mistos de trabalho e, por fim, chegaram até a realizar passeios cuja comissão organizadora era constituída por alunos de ambos os sexos.

Com tal exemplo, em momento algum se pretendeu subestimar a força dos preconceitos, ou mostrar que é fácil superá-los. Como se baseiam nos referidos sentimentos de fé, eles resistem tenazmente às tentativas de mudança que se procura implementar, não se abalando com argumentos de ordem racional.

Para enfrentar essas dificuldades neste trabalho, têm-se utilizado vários meios, como:

1 a investigação das raízes históricas de suas opiniões;
2 o vínculo de confiança estabelecido com os coordenadores, que, de alguma forma, aparecem como "modelos" visíveis, investidos da autoridade de educadores;
3 uma série de recursos oferecidos pelo instrumental sociopsicodramático, como as dramatizações, que não só estimulam a emergência de sentimentos, como abrem a possibilidade, pela "inversão de papéis", de os alunos vislumbrarem como o outro se sente, quando é discriminado ou marginalizado.

O emergente grupal (o protagonista)

A maioria das teorizações encontradas sobre grupos refere-se ao âmbito psicoterapêutico a partir do qual foram elaboradas. Nesse contexto, geralmente um ou alguns sujeitos costumam polarizar as atenções dos participantes e tornar-se alvo do trabalho desenvolvido.

Tratando-se de espaços institucionais, como a escola, no caso deste projeto, uma das dificuldades é a impossibilidade de tratar de assuntos de ordem pessoal ou particular dos alunos, ou dos coordenadores, dado o caráter público de seus grupos. Não se trata, evidentemente, de uma proposta de fazer psicoterapia dentro das escolas, contexto inadequado para tal empreendimento. É inadequado principalmente porque a *tarefa* dessas instituições é o *ensino-aprendizagem*, e não o aprofundamento de aspectos psicológicos da particularidade dos sujeitos envolvidos. Essa tarefa, além de ser outra, não pode ser contemplada em espaços públicos, onde não há condições de sigilo, nem de segurança e/ou de continuidade para ser desenvolvida.

Diante disso, recorreu-se a alguns conceitos desenvolvidos por Pichon-Rivière dentro do referencial psicanalítico, como os de *verticalidade* e de *horizontalidade*. Para esse autor, enquanto a verticalidade estaria ligada à história pessoal dos sujeitos, a horizontalidade refere-se ao processo atual, que ocorre no aqui e agora, envolvendo a totalidade dos membros do grupo, e é entendido como "[...] a generalização ou a colocação, na situação vincular grupal ou na dinâmica grupal, das histórias individuais dos diferentes membros do grupo"[137].

Nos contextos não clínicos, passou-se a evitar o uso de uma abordagem verticalizada, que consistiria em centrar o trabalho na trajetória singular dos sujeitos, buscando explicações para os fatos ocorridos nas características pessoais

---

[137] V. R. Kamkhagi, "Horizontalidade, verticalidade e transversalidade com grupos", p. 211-214.

ou psicológicas deles ou em suas relações familiares. Pelo contrário, decidiu-se não focalizar a história individual dos participantes, mas sim priorizar a dimensão horizontal, ou seja, a das relações vinculares do grupo em função da tarefa estabelecida.

Um exemplo do que vem sendo feito, que talvez esclareça o que se está pretendendo transmitir, ocorreu numa turma de 8ª série do 1º grau, em que emergiu, como solicitação explícita, saber "como se dá, de fato, a relação sexual entre homossexuais".

Investigando por meio de vários recursos o que estava implícito nessa demanda, verificou-se a ocorrência de situações de assédio, por parte de alguns homossexuais, sobre alunos que pedem "caronas" a motoristas, em sua volta para casa.[138] Era visível a revolta dos adolescentes, que verbalizavam críticas bastante preconceituosas a respeito dos homossexuais em geral.

Adotando uma orientação verticalizada, nesta situação poderia, por exemplo, ser investigado por que determinados alunos estariam tão incomodados com o ocorrido. Devia-se tal reação a questões de ordem pessoal relativas a suas histórias de vida? Nesse caso, a preocupação se voltaria para a pesquisa de suas relações familiares, características psicológicas específicas, como problemas ligados à identidade sexual "mal" resolvida etc.

Numa perspectiva horizontalizada, procurou-se desviar o tema dos sujeitos que os denunciaram, decidindo trabalhar no plano que Heller denomina de *humano-genérico*. De acordo com essa autora, é freqüente os homens permanecerem imersos na vida cotidiana, reduzidos a seu "pequeno

---

138 É importante esclarecer que, para os alunos, a "carona" significava a economia da passagem de ônibus.

mundo", sem atingir plenamente o nível humano-genérico, que lhes permitiria emergir da particularidade, ampliando sua liberdade de escolha e a possibilidade de se tornarem sujeitos da sua própria história.

Segundo Heller, para emergir da particularidade e atingir o nível *humano-genérico,* faz-se necessário um *processo de suspensão* do cotidiano[139], e quando isso ocorre os "[...] indivíduos se convertem, pela mediação de suas individualidades, em representantes do gênero humano, aparecendo como *protagonistas do processo histórico global*"[140].

Ante essas considerações, o procedimento utilizado no episódio foi o seguinte:

1 Foram discutidas formas práticas de se defender nessas situações, do tipo "sempre pegar 'carona' em grupo".
2 Entraram em contato com o "Estatuto da Criança e do Adolescente", com o objetivo de conhecerem seus direitos na legislação vigente, por exemplo, itens do Código Penal sobre assédio a menores de idade, como proceder para fazer queixa aos órgãos competentes etc.
3 Esclareceram-se as diferenças entre "paquera", "cantada", assédio e violência sexual (estupro), evidenciando que todos esses comportamentos se referem a abordagens sexualizadas, mas de caráter diferente.

---

139 A autora também chama esse processo de *homogeneização*, que consiste em concentrar a atenção, na medida do possível, sobre uma única questão ou aspecto, suspendendo outros interesses e atividades. Dessa forma, é superada a heterogeneidade característica da vida cotidiana, havendo concentração no objetivo proposto. É essa suspensão que permite a saída da particularidade e o alçar ao nível humano-genérico. Maiores detalhes em A. Heller, *O cotidiano e a história*, p. 27-29.
140 *Ibidem*, p. 29.

4 Explorou-se a questão do preconceito contra os homossexuais, mostrando que tais comportamentos ocorrem também, e com muita freqüência, entre heterossexuais.

5 Procurando focalizar a questão dos preconceitos, trabalhou-se com o grupo um exercício sobre rótulos. Neste, são fixados nas costas de cada aluno uma papeleta, na qual está escrito o nome de um papel social (por exemplo, prostituta, homossexual etc.). Durante a atividade proposta, os colegas deveriam tratá-lo como se fosse aquilo que estava escrito em suas costas. Dessa forma, pretendia-se que começassem a sentir "na própria pele" o que é ser excluído ou estigmatizado.

Com o decorrer dos trabalhos, entretanto, verificou-se que os conceitos de *verticalidade* e *horizontalidade* pareciam não ser suficientes, na medida em que reduziam o grupo à história pessoal de seus membros. A perspectiva desenvolvida por J. L. Moreno se delineava como mais promissora, especificamente no que diz respeito ao trabalho com o que ele chama de *emergente grupal* e *protagonista*.

Falivene Alves, referindo-se ao âmbito psicoterapêutico, afirma que, quando num grupo, "[...] através do relato de acontecimentos, queixas, sentimentos etc., há uma interação entre seus integrantes, com uma configuração sociométrica em torno de um elemento, que conflui em si a problemática pessoal dos demais participantes [...]",[141] este se constitui um emergente grupal.

Nos trabalhos levados a efeito em sala de aula, procura-se detectar o emergente grupal na verbalização dos alunos (o tema protagônico) ou de seu comportamento. Embora

---

141 L. F. R. Alves, *op. cit.*, p. 1-4.

exista uma programação estabelecida para ser cumprida nos encontros, quando os coordenadores percebem a existência de outros interesses e motivações do grupo (por exemplo, a briga com a diretora da escola ou com um determinado professor), abandonam temporariamente o que foi planejado, voltando-se para o que está mobilizando a turma. Isso determina outra característica deste projeto, a saber, *a flexibilidade de sua programação*.

O aspecto que interessa aos trabalhos desenvolvidos neste projeto é exatamente o de o protagonista representar a condensação do privado e do público, ou seja, constituir-se como representante da *intersecção entre o individual e o coletivo* (grupal).

Nas intervenções empreendidas em contextos institucionais, diante da dificuldade relativa à falta de privacidade característica de seus grupos, nem sempre é conveniente aprofundar aspectos emocionais, pois corre-se o risco de expor a vida pessoal dos participantes. Nem por isso deixam de aparecer, nesses tipos de grupo, porta-vozes que se fazem representantes do drama coletivo, por meio de seu drama individual.

No exemplo citado anteriormente, entendeu-se o protesto dos adolescentes envolvidos na situação como representativo do *drama coletivo* pela *particularidade* de alguns alunos que sofreram o assédio, na medida em que remetia às relações hetero e homossexuais, às questões da identidade de gênero, aos preconceitos e aos direitos de cidadania.

As considerações feitas por Heller vão em direção a tais reflexões. Nesse sentido, uma das características mais importantes desse tipo de coordenação consiste em *desfocar sistematicamente as questões e problemas emergentes dos sujeitos individuais, remetendo-os ao plano mais amplo*. Dessa forma, tenta-se contribuir para a emersão da "particularidade", de modo a criar condições para que os grupos, na medida do possível, atinjam o nível *humano-genérico*, ampliando sua margem de liberdade.

Conclusão

Em termos de prevenção da Aids ou da gravidez precoce, este artigo não tem condições de apresentar resultados palpáveis, devido à dificuldade de obtenção de dados sobre um comportamento de domínio íntimo e privado como a sexualidade. A partir do vínculo de confiança e diálogo estabelecido entre coordenadores e alunos de escolas públicas, ao respeitar o movimento de seus grupos, sua linguagem e conhecimento, este projeto tem utilizado a sexualidade como tema mediador, na superação da condição desses jovens de "objetos sociais" (Chaui), promovendo a transformação deles em "sujeitos" da própria história, bem como da história coletiva.

□

REFERÊNCIAS BIBLIOGRÁFICAS

■

ADORNO, T. W.; HORKHEIMER, M. *Temas básicos em sociologia*. São Paulo: Cultrix, 1978.

AGUIAR, M. *Teatro da anarquia: um resgate do psicodrama*. Campinas: Papirus, 1988.

_____. *O teatro terapêutico*. Campinas: Papirus, 1990.

ALVES, L. F. R. "O protagonista: conceito e articulações na teoria e na prática". Reprodução para uso interno da Escola de Psicodrama de Tiête.

ANDALÓ, C. S. A. *Fala, professora! – Repensando o aperfeiçoamento docente*. Petrópolis: Vozes, 1995.

ANDALÓ, C. S. A. et al. "O laboratório de educação e saúde popular da UFSC: primeiras reflexões". *Psicologia USP*, São Paulo, v. 7, n.1/2, 1966.

ANDALÓ, C. S. A. "Um trabalho sobre sexualidade na escola pública". *Revista Brasileira de Sexualidade Humana*. São Paulo, Iglu, v. 6, n.2. 1995.

ASCH M. S. de. *Hacia una didáctica de lo grupal*. Buenos Aires: Miño y Dávila, 1993.

BAREMBLITT, G. (org.). *Grupos – Teoria e técnica*. São Paulo: Graal, 1986.

CARVALHO, R. F. "O que se passa neles? O que são?" In: BAREMBLITT, G. (org.) *Grupos – Teoria e técnica*. São Paulo: Graal, 1986.

CHAUI, M. *Cultura e democracia*. São Paulo: Moderna, 1982.

_____. *O que é ideologia*. São Paulo: Brasiliense, 1988.

_____. "Ideologia e educação". *Educação e Sociedade*, São Paulo: Cortez/Cedes, ano II, n. 5, jan. 1980.

CURY, C. R. J. *Educação e contradição: elementos metodológicos para uma teoria crítica do fenômeno educativo*. São Paulo: Cortez, 1985.

DUCLÓS, S. M.; ANDALÓ, C. S. A.; BERTOLINO, P. "Considerações sobre a questão do Eu em Moreno". *Revista da Febrap*, Campinas: ano 6, n. 1, p. 5-10.

DUCLÓS, S. M. *et al*. "A consciência espontânea em Sartre". *Revista da Febrap*, Campinas: ano 7, n. 2.

EZPELETA, J.; ROCKWELL, E. *Pesquisa participante*. São Paulo: Cortez, 1986.

FERNÁNDEZ, A. M. "La dimensión institucional de los grupos", *Lo grupal* 7. Buenos Aires: Búsqueda, 1989.

FONSECA FILHO, J. S. *Psicodrama da loucura: correlações entre Buber e Moreno*. São Paulo: Ágora, 1980.

FONTANA, A. E. *et al*. *El tiempo y los grupos*. Buenos Aires: Vancu, 1977.

GÓES, M. C. R.; SMOLKA, A. L. B. (orgs.) *A significação nos espaços educacionais – Interação social e subjetivação*. Campinas: Papirus, 1997.

HELLER, A. *O cotidiano e a história*. Rio de Janeiro: Paz e Terra, 1972.

_____. *Sociología de la vida cotidiana*. Barcelona: Península, 1987.

KAMKHAGI, V. R. "Horizontalidade, verticalidade e transversalidade com grupos". In: BAREMBLITT, G. (org.) *Grupos – Teoria e técnica*. São Paulo: Graal, 1986.

LAPASSADE G. *Grupos, organizações e instituições*. Rio de Janeiro: Francisco Alves, 1989.

LIPPITT, R.; WHITE, R. K. "The 'social climate' of children's groups". In: BARKER, R. G.; KOUNIN. J. S.; WRIGHT, H. F. (orgs.) *Child behavior and development*. New York, 1943.

MACÊDO, S. M. "Grupo e instituição: relações de poder na dialética de um processo grupal de aprendizagem". *Revista Estudos de Psicologia*, Campinas: v. 15, n. 2, 1998.

MARINEAU, R. F. *Jacob Levy Moreno – 1889-1974: pai do psicodrama, da sociometria e da psicoterapia de grupo*. São Paulo: Ágora, 1992.

MARX K.; ENGELS, F. *A ideologia alemã*. São Paulo: Hucitec 1991.

MARX, K. *Manuscritos: economía y filosofía*. Madrid: Alianza, 1981.

MELLO, G. N. *Magistério de primeiro grau: da competência técnica ao compromisso político*. São Paulo: Cortez, 1982.

MORENO, J. L. *Fundamentos de la sociometría*. Buenos Aires: Paidós, 1972.

_____. *Psicodrama*. São Paulo: Cultrix, 1978.

_____. *Psicoterapia de grupo e psicodrama*. São Paulo: Mestre Jou, 1974.

NAFFAH NETO, A. *Psicodrama – Descolonizando o imaginário*. São Paulo: Brasiliense, 1979.

_____. *Psicodramatizar*. São Paulo: Ágora, 1980.

_____. *Psicoterapia hoje*. São Paulo: Summus, 1982.

PATTO, M. H. S. *A produção do fracasso escolar: histórias de submissão e rebeldia*. São Paulo: T. A. Queiroz, 1990.

_____. *Psicologia e ideologia: uma introdução crítica à psicologia escolar*. São Paulo: T. A. Queiroz, 1984.

PERAZZO, S. *Ainda e sempre psicodrama*. São Paulo: Ágora, 1994.

PONTALIS, J. B. *Après Freud*. Paris: Gallimard, 1993.

QUIROGA, A. P. *Enfoques y perspectivas em psicología social*. Buenos Aires: Ediciones Cinco, 1986.

RUBINI, C. J. "Dialética dos grupos – Contribuições de Sartre à compreensão dos grupos". *Revista da Febrap*/6º Congresso Brasileiro de Psicodrama, v. 7, n.2, 1999.

RUSSO, L. "Breve história dos grupos terapêuticos". In: ALMEIDA, W. C. (org). *Grupos: a proposta do psicodrama*. São Paulo: Ágora, 1999.

SARTRE, J. P. *Crítica de la razón dialéctica* – Libro II – Del grupo a la Historia. Buenos Aires: Losada, 1979.

SAVIANI, D. *Pedagogia histórico-crítica: primeiras aproximações*. São Paulo: Cortez, 1991.

SAYÃO, R. "Sexo e educação". *Veja*. São Paulo: Abril, 4 dez. 1996.

SCHERZER, A. "Acerca de los grupos humanos". *Lo grupal 2*. Buenos Aires: Búsqueda, 1985.

VÁSQUEZ, A. S. *Filosofia da práxis*. Rio de Janeiro: Paz e Terra, 1977.

ZANELLA, A. V. "Zona de desenvolvimento proximal: análise teórica de um conceito em algumas situações variadas". *Temas em Psicologia*, Ribeirão Preto: n. 2, 1994.

ZIMERMAN, D. E. "Atributos desejáveis para um coordenador de grupo". In: ZIMERMAN, D. E. *et al*. *Como trabalhamos com grupos*. Porto Alegre: Artmed, 1997.

A AUTORA

∎

CARMEN ANDALÓ graduou-se em Psicologia pela USP e formou-se psicodramatista com Dalmiro Bustos. Fez doutorado no Instituto de Psicologia da USP e é autora de *Fala, professora! – Repensando o aperfeiçoamento docente* (Vozes, 1995). Leciona em uma instituição particular de ensino (Cesusc), ministrando aulas sobre processos grupais. Participa de programas de pós-graduação e de cursos de formação com abordagem sociopsicodramática, além de prestar consultoria a instituições públicas e privadas.

☐

IMPRESSO NA
sumago gráfica editorial ltda
rua itauna, 789   vila maria
02111-031   são paulo   sp
telefax 11 **6955 5636**
sumago@terra.com.br

―――――――― dobre aqui ・―――――――――

CARTA-RESPOSTA
NÃO É NECESSÁRIO SELAR

O SELO SERÁ PAGO POR

AC AVENIDA DUQUE DE CAXIAS
01214-999 São Paulo/SP

―――――――― dobre aqui ・―――――――――

CADASTRO PARA MALA-DIRETA

Recorte ou reproduza esta ficha de cadastro, envie completamente preenchida por correio ou fax, e receba informações atualizadas sobre nossos livros.

Nome: _____ Empresa: _____
Endereço: ☐ Res. ☐ Coml. _____ Bairro: _____
CEP: _____-_____ Cidade: _____ Estado: _____ Tel.: ( ) _____
Fax: ( ) _____ E-mail: _____ Data de nascimento: _____
Profissão: _____ Professor? ☐ Sim ☐ Não Disciplina: _____

1. Você compra livros:
☐ Livrarias ☐ Feiras
☐ Telefone ☐ Correios
☐ Internet ☐ Outros. Especificar: _____

2. Onde você comprou este livro? _____

3. Você busca informações para adquirir livros:
☐ Jornais ☐ Amigos
☐ Revistas ☐ Internet
☐ Professores ☐ Outros. Especificar: _____

4. Áreas de interesse:
☐ Psicologia ☐ Saúde e Vivências
☐ Crescimento interior ☐ Depoimentos
☐ Astrologia ☐ Comportamento

5. Nestas áreas, alguma sugestão para novos títulos? _____

6. Gostaria de receber o catálogo da editora? ☐ Sim ☐ Não
7. Gostaria de receber o Ágora Notícias? ☐ Sim ☐ Não

Indique um amigo que gostaria de receber a nossa mala-direta

Nome: _____ Empresa: _____
Endereço: ☐ Res. ☐ Coml. _____ Bairro: _____
CEP: _____-_____ Cidade: _____ Estado: _____ Tel.: ( ) _____
Fax: ( ) _____ E-mail: _____ Data de nascimento: _____
Profissão: _____ Professor? ☐ Sim ☐ Não Disciplina: _____

Editora Ágora
Rua Itapicuru, 613 7° andar 05006-000 São Paulo - SP Brasil Tel.: (11) 3872-3322 Fax: (11) 3872-7476
Internet: http://www.editoraagora.com.br   e-mail: agora@editoraagora.com.br